Oscar varia

Flavio Caroli

Trentasette

Il mistero del genio adolescente

Arnoldo Mondadori Editore

I edizione Scrittori italiani novembre 1996
I edizione Oscar varia luglio 1998

ISBN 88-04-45656-6

Questo volume è stato stampato
per conto della Arnoldo Mondadori Editore S.p.A.
presso la Milanostampa S.p.A.
Stabilimento di Rocca San Casciano (FO)
Stampato in Italia - Printed in Italy

Le foto di questo volume provengono
dall'Archivio fotografico Mondadori e da quello personale dell'Autore.
Pur avendo cercato di rispettare la proprietà dei diritti,
l'Editore si dichiara disposto, nel caso di involontari errori,
a regolare eventuali pendenze.

Ristampe:

1 2 3 4 5 6 7 8 9 10

1999 2000 2001 2002 2003

Il nostro indirizzo Internet è:
http://www.mondadori.com/libri

Trentasette

A P.,
divino buffone,
mio contemporaneo,
mio amore,
che se n'è andato
senza salutarmi.
Ma forse lui l'ha fatto,
e io non ho capito.

Per le notizie biografiche sui personaggi qui raccolti sono debitore a una quantità di opere e autori, che sarebbe impossibile citare completamente. Voglio soltanto segnalare che il brano riportato nel racconto dedicato a Valentin de Boulogne è tratto da G. Baglione, "Le vite de' pittori, scultori et architetti. Dal Pontificato di Gregorio XIII del 1572 in fino a' tempi di Papa Urbano Ottavo nel 1642", Roma, 1642.
Desidero inoltre ringraziare Nicolò Sponzilli per la preziosa collaborazione nella scelta e nella ricerca delle immagini, e per molto altro ancora.

F.C.

Premessa

A trentasette anni volli morire. Non morii, e però scrissi un romanzo, *Mayerling amore mio!*, che ebbe come tema il suicidio. A distanza di tempo, mi sembra ragionevole concludere che me la cavai così. Ma io l'avvertii quella mancanza di energia, il senso di essere giunto a un crinale estremo della giovinezza, la spossatezza, l'impressione che tutte le potenzialità fossero state messe sul tappeto, e a quel punto mancasse la voglia e la forza per maturarle e rifinirle. Peggio per gli altri se non avevano capito!

Attitudine immatura e adolescenziale, naturalmente. Ma adesso mi accingo a parlare proprio di immaturità, e di adolescenza, quando esse giungono alla loro frontiera finale, nella quale bisogna scegliere: morire di potenzialità; o portare tutto a compimento, anzi oltre il compimento. Per quanto poco interessante possa apparire il mio caso (per me lo era), mi parve di intuire che i modelli rimanevano due: quello degli artisti morti giovanissimi (la definizione appariva ancora imprecisata); o quello dei vegliardi sovrumani, Tiziano, Michelangelo, Lotto..., i quali, dopo aver detto tutto quello che c'era da dire, giunsero a esprimere l'ineffabile, cioè il punto estremo di equilibrio fra la forma e l'informe, fra la vita e la morte.

Sopravvissi. L'energia tornò. E quale fu la mia sorpresa quando, nel corso del tempo, mi avvidi che sull'asticella dei trentasette anni erano caduti quasi tutti i *divini fanciulli* della storia dell'arte! Raffaello. Parmigianino, che era stato proclamato suo erede. Taddeo Zuccari. Watteau. Toulouse-Lautrec. Van Gogh. E poi Rimbaud, esatto corrispettivo in letteratura dell'olandese. Robert Burns. Federigo Tozzi. Majakovskij. Puškin. Tancredi. Serodine. Schedoni. Fassbinder. Bizet. Purcell. Ma anche Lucrezia Borgia e Marilyn Monroe, artiste a modo loro. Domenico Gnoli. Mozart, Domenico Fetti e Modigliani si erano fermati un poco prima della soglia, ma incredibilmente vicini ad essa. Valentin de Boulogne, l'"enamorado", secondo documenti non certi l'aveva appena scavalcata l'asticella (così come García Lorca), ma la data di nascita è solo un'ipotesi, e poi a volte capita che i saltatori in alto abbattano l'ostacolo, già passati di là, con la punta della scarpetta. Non è così?

C'è una legge? Non lo sapevo e non lo so. Per mia natura, sarei portato a escludere spiegazioni cabalistiche e numeriche. A me sembra che la legge, se c'è, non possa che essere vitale. Trentasette anni forse sono l'età in cui per i *divini fanciulli* si è chiuso il ciclo della grazia, e del felice, inebriante gioco delle potenzialità: e quando si è stati appunto "divini" come adolescenti, le energie se ne vanno, per incapacità, o non-volontà, di diventare adulti. Perché diventare Tiziano, o Michelangelo, è fatica comunque eccessiva. E l'arte potrebbe anche identificarsi con il contrario della fatica.

Per capire, almeno un po', le leggi del destino, in ogni caso, come a poker, bisogna *vedere*. Bisogna tentare di interrompere un *bluff* della vita che avvilisce, e che può protrarsi all'infinito. In questo libro, un poco, ci provo. Nella cronaca di queste morti c'è qualche verità e molta immaginazione, perché la morte può essere solo immaginata.

In ogni caso, le conclusioni, se conclusioni potranno esservi, saranno affidate a chi ha avuto esperienza più solida e concreta della mia.

[settembre 1996]

Dopo che *Trentasette* è diventato uno spettacolo teatrale, diretto e interpretato da Patrizia Zappa Mulas, per la precisione dopo la serata di Napoli, un'amica mi ha scritto una lettera che conteneva queste parole: "Sei entrato nella verità dell'agave, mirabolante metafora del genio adolescente. È una pianta, questa, che succhia linfa e umori dal terreno che, intorno, è arido e brullo, e getta, una dopo l'altra, foglie lanceolate, verdi striate di giallo, lunghe, spinose, appuntite, che la condannano alla solitudine. Poi, un giorno, non getta più, e innalza al centro del suo ciuffo uno stelo, uno solo, alto alcuni metri, ricco di fiori riuniti in grappolo – straordinaria visione di bellezza – di inebriante solitudine – di ascesi. Ed è in quell'istante, mentre i suoi fiori si colorano d'oro, che muore, verso i quarant'anni. Anche la natura, come vedi, ha il suo divino fanciullo...".

Non so perché, ma ho l'impressione che, intorno a queste parole, si senta odore di una singolare cosa che abita sempre una frazione di millimetro o un miliardo di anni luce al di là dell'ultima delle nostre cellule. Si chiama *verità*.

[giugno 1998]

F.C.

Raffaello

(1483-1520)

Sposalizio della Vergine

Scuola d'Atene

Nella Settimana Santa del 1520, Raffaello capisce il lato oscuro dell'Essere. Ha visto sempre luce, che ha dipinto. Luce di immemorabili pomeriggi estivi, come nello *Sposalizio della Vergine*, con il ceruleo-verde del cielo che si espande come fumo iridescente, su basse colline e giovani querce. Luce d'ingegno, o di salvezza, luce ferrea e calma che fa tornare tutti i conti, come nella *Scuola d'Atene*, con l'ombra sul

Scuola d'Atene: Eraclito-Michelangelo

Trasfigurazione (particolare)

volto di Michelangelo, ombra di soli immensi, fermi e distributori omogenei di certezze. Luce di temporale, ma luce, perfino adesso, da poco, nella *Trasfigurazione*, con lo spot che perfora il piombo e i nuvoloni, e con l'odore di zolfo che si impregna nella tunica di Cristo.

L'unico dubbio, lo ricorda bene, gli ha trafitto la mente ai tempi della *Liberazione di san Pietro*, che, in quel momento, è stata una scommessa da scavezzacollo. Scommessa da ragazzo. Scommesse che si fanno quando tutto è facile, e ci si misura con le difficoltà estreme per dimostrare a se stessi che non si è poi tanto umani, e che tutto, tutto può essere superato. Il ragionamento è nato infatti così: poiché il mondo è luce, bisogna misurarsi col buio, per padroneggiarlo e vincerlo. I sospetti durano poco quando si è certi di essere predestinati a vincere: e così fu dei sospetti sul buio. Una grande scommessa va vinta con grande funambolismo. Una grata per dividere la luce di qua dal buio di là. E poi virtù, virtù di idee e di pennello. Un sole non universale ma ridotto. Chiari e scuri prima concentrati poi esplosi. Equilibrio anche nella vinaccia del cielo, perché a volte il cielo appare così. Nessun pittore poteva fare altrettanto...

... Ma il vero buio è un'altra cosa. È inquietudine, dapprima. Il cielo è calmissimo e azzurrissimo, si vede nitidamente fino all'orizzonte, però gli spazi del futuro, quelli, non appaiono più scanditi, e non possono più essere misurati. È tutta lì la differenza fra la felicità e l'angoscia. Un giorno, nel corso del tempo, l'intuizione vede muri, ombre, e poi il buio. Si può

Liberazione di san Pietro

diffidare di lei, perché non si sa esattamente che cosa sia. Ma è sbagliato farlo. Perché, dopo l'inquietudine, andando avanti, nel corso del tempo, si incontrano le prime buche, e dopo non molto, nel corso del tempo, il cielo comincia a oscurarsi. Il vero buio, per Raffaello, è cominciato da poco, e ha coperto il cielo da entrambe le parti dell'universo.

Due febbri, cominciate quasi contemporaneamente, meno di tre mesi fa. Da poco Raffaello sa che l'unico nemico di Raffaello è lui, Raffaello. Macché Michelangelo e i suoi sgherri capeggiati da quel fannullone di Sebastiano del Piombo. La prima febbre è quella della malattia, insistente, placida, continua. Il freddo nella carne, i brividi quando uno meno se li aspetta, ma soprattutto il senso dell'imperfezione: qualcosa si è rotto, e non si aggiusta; non si aggiusta.

La seconda febbre, proprio nel momento di debolezza, è lei, Lucrezia. È cominciata come cominciano sempre le rovine: per caso, per gioco, per avventura, per fantasia, per avidità, per la vecchia legge, quella secondo cui ognuno non può vietarsi di cercare la propria parte di felicità. E le intuizioni del primo sguardo (in quegli occhi grigi e freddi come perle, quegli occhi che sanno colorarsi di verde) sono state, come sempre, perfette. Lucrezia cacciatrice: perché lui, quel giorno, si sentiva Raffaello, dopo tutto, quindi una preda degna di essere cacciata. La strategia successiva è stata quella di convincerlo anzitutto che, nelle leggi di coppia, non ha alcuna importanza che lui sia Raffaello. Lucrezia che farà di tutto per mettersi al centro del mondo e tramutare lui, Raffaello (Raffaello!), in un suo satellite; probabilmente non l'unico; una grande luna che gira intorno a una terra irrilevante. Lucrezia animaletto sessuale. Ma Lucrezia, anche, di origini marchigiane, ciò che porta il sapore della madre e la conseguente speranza nell'impossibilità del tradimento. E

Lucrezia di famiglia nobilissima, il che, per il figlio di un pittore, resterà sempre un raggiungimento. Raffaello è abbastanza lucido per capire anche questo.

Poi è arrivata la grande allucinazione. In un paio di occasioni Lucrezia dice: «Io ti amo, ma l'amore non lo facciamo mica tanto bene». Raffaello le cose deve farle perfette. E allora Lucrezia resta ancora un animaletto sessuale, ma quel suo piccolo corpo bellissimo diventa esattamente la cosa che Raffaello non potrà mai dipingere. Il modo con cui il ciuffo si attacca alla pelle candida della coscia; e le labbra, tante labbra prominenti e inattese. E il solco che aprono; un solco che diventa ventosa. «Vedi come mi apro per te?» chiede Lucrezia.

Infine, l'equivoco più profondo: la faccia. Anche qui, l'intuizione iniziale è stata perfetta. Era appena scattato il primo abbraccio, quella sera, che immediatamente si addensò la nuvola della negatività. Raffaello si bloccò, e lo disse, anche. «Che cos'è questo odore di zolfo?» E lei rise; rise. Ma si capì poco dopo che cos'era il demone entrato nella sera romana. Di tre quarti, e nell'amore, Lucrezia aveva faccia di uomo; di un ragazzo avido e spudorato, avido di tutto. C'era un bel far finta, quasi sempre, di niente. Da quando, poco tempo dopo, Raffaello le aveva chiesto, in un momento cruciale: «Sei porco, Lucrezia?»; da quando lei l'aveva fulminato con uno sguardo, e in un baleno aveva capito tutto, e aveva respirato «Sì», morden-

Ritratto di Bindo Altoviti (particolare)

dogli una spalla; da quel momento, a un certo punto, quello era diventato un rito. L'amplesso poteva andare avanti ore. Ma, al dunque, tutto si concentrava lì. «Sei porco, Lucrezia?» La carne diventava carne incerta. L'anima diventava anima incerta. E tutto arrivava a rapido deliquio.

Roma ha ombre lunghissime, alla luce delle torce, in questa sera di Giovedì Santo. La febbre è alta, e Raffaello ha molto freddo. Entra in un'osteria ai SS. Apostoli. Sta piovendo tetramente da ore. Calpesta la segatura, ormai quasi completamente inzuppata di umidità, sul pavimento. Tutto è umidità. Quel buco è una scatola costipata di umidità, e ci sono uomini con umori bagnati. Chiede carciofi. Ascolta il Nulla. Mangia poco. Beve un po'.

Ma quando esce, il mondo è in attesa di qualcosa. Il cielo si è aperto a dismisura. A ovest la fascia di rosa lievita verso il cobalto più su. Sono tutti rintanati in casa, in attesa dell'evento. Pochi cani parlano fra di loro. La luna è bassa, rossa e curiosamente immobile. L'Aracoeli, in alto, proietta un'ombra densa che copre secoli andati e immense trascuratezze. I passi rintoccano su pianeti sconosciuti. E alla fine, tra i vicoli, la Cosa appare. Forse è quello, il Colosseo, il messo dello spazio. È atterrato. È tornato. Ha visto Orione e Aldebaran, ma in questa notte è tornato da noi, come una grande torta bruciacchiata.

Raffaello svolta nel vicolo e bussa alla porta. Lucrezia gli si fa incontro con il sorriso che Raffaello odia. Sa di dover essere lucido, e sa che il desiderio è nemico della lucidità. Quella casa è il loro rifugio, e Lucrezia vi passa quasi tutte le giornate. Raffaello va verso il letto e si spoglia. Si spoglia anche lei, senza parlare. La faccia è da ragazzo, le cosce sono bianchissime, i capezzoli duri. Comincia il rito, che è spasmodico. Dopo molto, molto tempo, tutto finisce come sempre.

Raffaello ha già bussato a quella casa due volte, nel pomeriggio, a distanza di un'ora e mezza, senza avere risposta. Ha lasciato un biglietto appeso alla porta, che si apre discretamente in fondo a un giardinetto. Lucrezia non ne fa cenno.

«Dove sei stata oggi?» chiede Raffaello.

«Sempre qui.»

«Non sei mai uscita?»

Un lampo di sospetto trafigge gli occhi di Lucrezia.

«Aspetta. Sì. Un attimo verso il tramonto. Per prendere un po' d'aria.»

«Ho bussato due volte, e non c'eri.»

«Impossibile, sono sempre stata qui.»

«Non hai risposto.»

«Non avrò sentito.»

Era impossibile non sentire i colpi alla porta.

«Ti ho lasciato un messaggio» dice Raffaello. In un attimo, la faccia di ragazzo di Lucrezia è come se d'istinto vedesse l'insidia, e predisponesse la più impenetrabile delle difese.

«Ah, quello era un tuo messaggio? Ho visto il servo che raccoglieva qualcosa in terra, prima di appallottolarlo e buttarlo via.»

Ma Raffaello il messaggio, di carta grossa, l'aveva pazientemente fissato su entrambi i battenti della porta, ed era proprio impossibile che un servo, entrando o uscendo, non lo vedesse, non ne capisse l'importanza, e non lo consegnasse.

Raffaello tace. Si alza dal letto. Gli sembra che il sangue stia defluendo rapidamente dal corpo. Mentre cammina non sente i piedi. Si muove con un volo debole. Bacia rapidamente Lucrezia. Esce nella notte, che sta facendosi mattina. Il Colosseo è ancora lì, come un avanzo scassato di chissà quale pianeta. Cammina verso la Domus Aurea. La sua mente è ben chiusa nella trappola. Lucrezia ha mentito, e le possibilità sono soltanto due: se fosse stata a casa ad attenderlo, avrebbe udito i colpi alla porta; e se fosse uscita, sola e per prendere aria, avrebbe trovato il messaggio. Verosimilmente, era dentro con qualcuno, troppo occupata per prestare attenzione ad altro, e verosimilmente quel qualcuno, uscendo, il messaggio l'ha tenuto malignamente per sé (di Raffaello può essere prezioso anche un segno di debolezza e di imbecillità; ingannare Raffaello può già risultare motivo di esistenza per chi, probabilmente, appartiene al Nulla).

Raffaello sa di non avere il controllo totale di Lucrezia (è lo spazio a dividere le esistenze, e anche un metro, un centimetro, costituiranno per sempre, fra due amanti, un oceano invalicabile); sa di non poterle impedire di ricevere i suoi spasimanti quando vuole. Allora, perché una bugia così maldestra e insignificante? Nei vicoli medievali prima della Domus Aurea, perforati dalla luce blu dell'alba, a Raffaello le possibilità appaiono, ancora una volta, due. O Lucrezia ha architettato tutta la storia, nella sua voluta approssimazione, al solo scopo di farlo soffrire: ciò che è possibile, molto possibile. O la verità, per quanto insignificante e prevedibile, è talmente importante da richiedere tutto il castello di menzogne costruito intorno a lui.

Raffaello si regge in piedi a stento. Le gambe tremano come nel pieno dell'inverno. Ma davanti alla Domus Aurea, in una luce arancione pallida e scintillante che reagisce chimicamente con i mattoni e con gli intonaci delle case, la gabbia, o la trappola, improvvisamente si rompe. Scompare, come la nebbia sul mare di Pesaro. Il punto è frantumare il meccanismo del *due*; delle due possibilità; del dubbio fra verità e menzogna; il dubbio che, in se stesso, è creatore di ansia e di ulteriore menzogna.

Il plesso solare, al centro del petto, si contrae finalmente con armonia, come accade al cospetto della Verità. Raffaello capisce, semplicemente, che si tratta di due febbri: ancora una volta *due*, ma stavolta l'alternativa non è apparente, è reale. La prima febbre, quella del corpo, porta alla morte e al Nulla (con tutto ciò che c'è dietro al Nulla), cioè alla Perfezione. La seconda, la febbre del cuore, induce al caos; confonde, come un labirinto costantemente binario, e senza possibili vie d'uscita.

Raffaello sceglie.

Il silenzio del corpo diventa rassicurante e assoluto. Al tramonto del Venerdì Santo, il ragazzo di Urbino consegna l'anima alla Perfezione, in cui ha creduto per tutta la vita. Si muove, la città, in questa sera di tutti i lamenti e tutte le Passioni. Le lenzuola alle finestre, come vele, si gonfiano per un vento insensato e mai visto. Un'onda immensa alza le case e le fa quasi sfracellare, in caduta, sul mare dell'Eternità. La schiuma scroscia refoli acidi e salmastri. Il grande nido ora è altissimo sulle onde, ora sprofonda fra dolomiti di acqua nera come inchiostro. In alto, cumuli e nembi ingaggiano battaglia. Lo scontro dura pochissimo, perché i cumuli affondano i colpi, i nembi si ripiegano su se stessi, e allora la gragnuola di ferite si fa scientifica, primigenia e terribile. Il massacro comincia qui, nella fuga degli sconfitti. La violenza è totale e trionfatrice. Cola sangue. Piove sangue a raffiche improvvise, lanciate, come secchi d'acqua, da divinità furibonde. Il cielo abbraccia il mare. La morsa si chiude. E, quando si chiude, insensatamente come quando si era scatenato, il mondo si placa. Si rasserena – con infinita dolcezza – sui relitti del naufragio.

Dal vascello sfondato, qualcuno potrebbe veder occhieggiare le palpebre spaurite di un'animella. Esce con cautela. Poi nuota nell'aria e se ne va, come una boccata di fumo, perché ha invocato, e ottenuto, il privilegio dell'Unità; della pace.

Parmigianino

(1503-1540)

A Casalmaggiore dicono che la prima pioggia dopo Ferragosto si porta via l'estate. Se così è, l'estate del 1540 finì con l'inferno di vento e acqua che si abbatté su quel displuvio della Pianura Padana e del mondo verso mezzogiorno del 21 agosto. Ma poi le nuvole scollinarono verso le alture di Piacenza, e il tramonto fu incantevole. Crebbero dapprima, a est, cumuli bianchi e verticali come montagne. Poco dopo, quei titani di scagliola presero luce dal sole rosso che spariva nella parte opposta dell'universo, e si colorarono di un rosa che parve tanto tenero e fragolino perché rintoccò su di un blu rarissimo su quelle campagne, e plumbeo come il mare della Sardegna. Infine, arrivò il deliquio del tramonto, con una sinfonia calma e disperata di grigio e di arancione.

Francesco Mazzola, detto il Parmigianino, mangiò poco e dormì pochissimo. Alle prime luci del 22 agosto, provò di buttare le gambette magrissime giù dal letto. Andò bene: per certi versi, nulla di anormale. Passò una mano sulla barbetta lanuginosa e già un po' brizzolata che era cresciuta negli ultimi mesi. Se la rigirò intorno all'indice davanti allo specchio sul canterano. Non era più un ragazzino, no. Nulla a che fare con il piccolo vanitoso del vecchio autoritratto nello specchio convesso. Ma si consolò in fretta. In fondo si preferiva adesso; e gli anni avrebbero portato autorevolezza e spiritualità. Pensò che era un momentaccio, e che sarebbe passato anche quello. Non capì però quello strano buco che, ancora una volta, parve aprirsi alla bocca dello stomaco, proprio sotto il plesso solare.

Autoritratto in uno specchio convesso

Camminò per quattro passi, sotto le travi spioventi, verso la finestra della cascina che lo ospitava, appena fuori del paese. Casalmaggiore era una vecchia storia di famiglia. Ci aveva dipinto il padre, e in qualche modo gli aveva insegnato ad amarla. I muri rossi, e tutto quel cielo, e la cappa, la cappa di silenzio, il rombo del silenzio nelle notti e nelle estati. Ma quella cappa... Quel sonno così coincidente col Nulla, Parmigianino aveva cominciato a odiarlo proprio nel luglio appena trascorso. I muri che emanavano luce per autocombustione. Il fuoco nella materia, nei sassi, nella polvere, nell'acqua; il lamento straziante delle rane come una litania dello spazio; il Nulla; il grande, implacabile Nulla in cui le cellule invecchiano e spariscono con discrezione. Come se si potesse sparire con discrezione.

Adesso, in questa fine d'estate che Francesco aspettava per la prima volta come una benedizione, perché non si può vivere per sempre con la testa in una cappa di formalina; adesso, Casalmaggiore era proprio una trappola. Maledetti frati parmigiani, là, oltre il Po, oltre i pioppi, vicini e lontanissimi, con la erre strascicata dei burini che sperano di essere sofisticati. Era quella, Parma: la città che aveva cacciato lui, Parmigianino (un genio: su questo non aveva dubbi, bisognava solo dargli altro tempo), e sì, anche l'altro diavolo di campagna, Correggio. Perché ci vuole tempo per risolvere un problema come quello della Steccata! Non ebbe voglia di pensarci, mentre il sole tagliava l'ombra umida della casa, con un'oca mezza fuori e mezza dentro. A settembre se ne sarebbe andato, a Mantova verosimilmente, se quella carogna e quel trombone di Giulio Romano avesse dimostrato qualche disponibilità. Se ne sarebbe andato comunque, appena i maledetti polmoni, bruciati come un pioppo perforato dal fulmine, avessero dato requie.

Tentò di inspirare profondamente. A metà, la fitta, la coltellata. "Ieri andava peggio" pensò Francesco. "Se sto tanto male a trentasette anni, come dev'essere difficile morire." Il pensiero che Raffaello, l'immenso Raffaello era morto proprio a quell'età, sfiorò la mente come un paragone insostenibile o un paradosso. Roma, rovine, vagine, ragazzi... Per questo il vecchio Mazzola, suo padre, amava Casalmaggiore: perché nel sangue aveva solo mattoni. Ma il marmo, la pietra, l'immensità... E sì che da lui, da Francesco, quand'era poco più di un bambino, a Roma pretendevano che diventasse l'erede di Raffaello. Chissà com'era veramente. Un romagnolo, alla fine, un romagnolo leggerissimo e lontanissimo. Ma voleva carne di donna. E come si può non volere carne?

A Roma, d'inverno, le osterie hanno odore selvatico di caciotte e di cicoria. Ma quelle ombre lunghe... Poi arrivarono i tedeschi, e non ci stavano, proprio non ci stavano sotto le luci dell'eternità: infatti distrussero tutto. A Francesco parve importante capire che le ombre di Roma non avevano nulla a che fare con le ombre di Bologna. Le prime erano alte. Le seconde basse e folte. Protettive quando si era vicini al popolo, cioè alla semplice vita del Nulla. Nemiche e asfissianti sulle scale dei potenti, orgogliosi senza una ragione al mondo.

Ad ogni buon conto, Raffaello era morto per malasorte. Nulla a che fare con il suo malessere, che era probabilmente solo stanchezza.

Nel pomeriggio del 23 agosto, a Parmigianino quel senso di languore parve addirittura piacevole. Il temporale aveva portato una nuvola di freddo. E lui trovava delizioso – in agosto – crogiolarsi sotto una coperta di lana. "Premessa dei piaceri dell'autunno" fantasticò. Nulla lo eccitava più che lasciar libera la mente. E nulla lo eccitò più della dolce spossatezza di quel torpore. Allungò le gambe in posizione divaricata, per sentire i muscoli rilassati, quasi annullati al massimo. Si girò sul fianco sinistro, per assaporare l'ansa di fresco non ancora ricoperta, intiepidita, dal corpo. Si girò sul fianco destro, per sentire l'abbandono della gamba sinistra e delle braccia rilasciate a compasso. Ma il deliquio appartenne, indiscutibilmente, alla posizione supina. Sentì il corpo cellula per cellula, abbandonato e calduccio.

Un giorno, un giorno lontano, sarebbe stato così, nella bara. I vermi avrebbero divorato la carne, e sarebbero rimaste le ossa. Nulla di male. Sentì una gamba fredda e intorpidita. Come inesistente. Ecco: la morte, un giorno lontano, sarebbe arrivata così: per raffreddamento e insensibilità. Nulla, proprio nulla di male. Nulla: cioè il contrario del male. Per lui, Francesco Mazzola, tutto bene. Meno bene per il mondo, che avrebbe perso l'unico uomo ancora in grado di pensare in pittura. Molto aveva fatto (non era così?), e, una volta superato il maledetto ostacolo (quello per cui ci vuole tempo), avrebbe dato il meglio. La strada della pittura sarebbe stata larga e piana, elegante, sensuale, ma soprattutto aperta a tutto, disponibile a tutto, nei secoli dei secoli. Quel compito spettava a lui. Era lì, a Casalmaggiore, cioè nel Nulla, sotto la cappa, la cappa dell'infinito silenzio, eppure l'immenso compito spettava a lui. Allungò le gambe al massimo, sentì tepore, si sentì come uno scolaro che marina la scuola.

Poi la fitta, nei polmoni e sotto il plesso solare. Già, l'ostacolo... Un passo indietro. Se n'era andato anche lui, il maiale che l'aveva fissato così in alto: Correggio. Se n'era andato sei anni prima, a 45 anni; chissà se uno è ancora furbastro e maiale dopo morto. Sì, lo è. Lo è perché ha corrotto. Ma che grande maiale era stato quell'uomo.

Affreschi di Fontanellato

Correggio, Affreschi nella Camera di San Paolo

Correggio, Affreschi nella Camera di San Paolo

Lui, Parmigianino, era potenzialmente più grande, ma il destino l'aveva costretto a inseguire, a inseguire sempre. Fatica che uccide qualsiasi purosangue. Primo inseguimento a meno di vent'anni: a Fontanellato aveva risposto in modo più che degno alla Camera di San Paolo; se non altro aveva chiarito a tutti le idee su chi fosse il vero sfidante. Ma lì si era ragazzi, la vita pareva sconfinata. Così Correggio, aiutato da una fortuna ripugnante (chi guida la fortuna: Dio?, il Diavo-

Correggio, Cupola del Duomo di Parma

lo?, l'Alchimia delle cose?), aveva chiuso le porte e aperto gli spazi. Lui, Parmigianino, per mancanza di fortuna, e per generosità, aveva aperto la porte ed era andato a respirare il mondo. Perché la fortuna, solo la fortuna, poteva motivare la possibilità offerta a Correggio di risolvere le due cupole di San Giovanni e del Duomo. Le aveva avute, e aveva fatto il furbo: grande furbo, ma furbo. Aveva spinto a mille l'idea di Mantegna a Mantova e quella di Michelangelo a Roma. Aprire gli spazi. Bucare il cielo. Che trovata! Era sfuggito all'Uomo (non era questo il tema, non è sempre questo il tema?) dipingendo l'Aria. Che furbo! Che parassita!

A lui, Parmigianino, avevano poi dato la Steccata.

Affreschi della Steccata

Ma come si può chiudere la stalla quando i buoi sono già scappati? Il Danno, il grande Danno, Correggio l'aveva fatto. Per questo, ci voleva tempo. Perché gli uomini dimenticassero che il vero tema non è l'Aria ma l'Uomo.

Certo che c'era una conca da dipingere anche alla Steccata! Ma delle due l'una: o lui, Parmigianino, la riempiva d'aria (ipotesi insensata), e avrebbero detto che copiava Correggio. O ci metteva l'Uomo Nuovo (come aveva fatto, per assaggio, nell'arcone), e avreb-

Affreschi di Fontanellato

bero detto che la pittura moderna era l'Aria. Loro! Loro, che avevano avvilito Correggio come non si fa neanche con un cane!

Per questo aveva preso tempo. Per questo si era fermato a Bologna in attesa che la situazione maturasse, come maturò infatti, perché lui li conosceva i suoi polli parmigiani, e i parmigiani avevano fatto secco Correggio come un baccalà! Per questo adesso lo perseguitavano, e lui era lì, a Casalmaggiore, cioè nel Nulla!

Il vento fece battere l'imposta, e il piccolo refolo di energia che aveva agitato Parmigianino si acquietò. Parvero insorgere una lunga pace e una lunga rassegnazione. "C'è anche l'aria, non si può dire di no" pensò Francesco. "Un giorno dovranno decidere, se conta più l'Aria o conta più l'Uomo. Si arrangino." L'ostacolo... L'aria... Un futuro troppo lontano... La voglia di far niente... L'inutilità... Quel calduccio.

All'alba del 24 agosto, svegliandosi, Parmigianino ebbe nel cuore solo Diana, l'amore della sua vita. Diana era stata una cagnona morta qualche anno prima; era Diana in omaggio alla protagonista del ciclo di Fontanellato. L'aveva disegnata più volte, Parmigianino, perché era una buffona, con le sue poppe amorevoli, con gli agguati, con gli occhi intelligenti

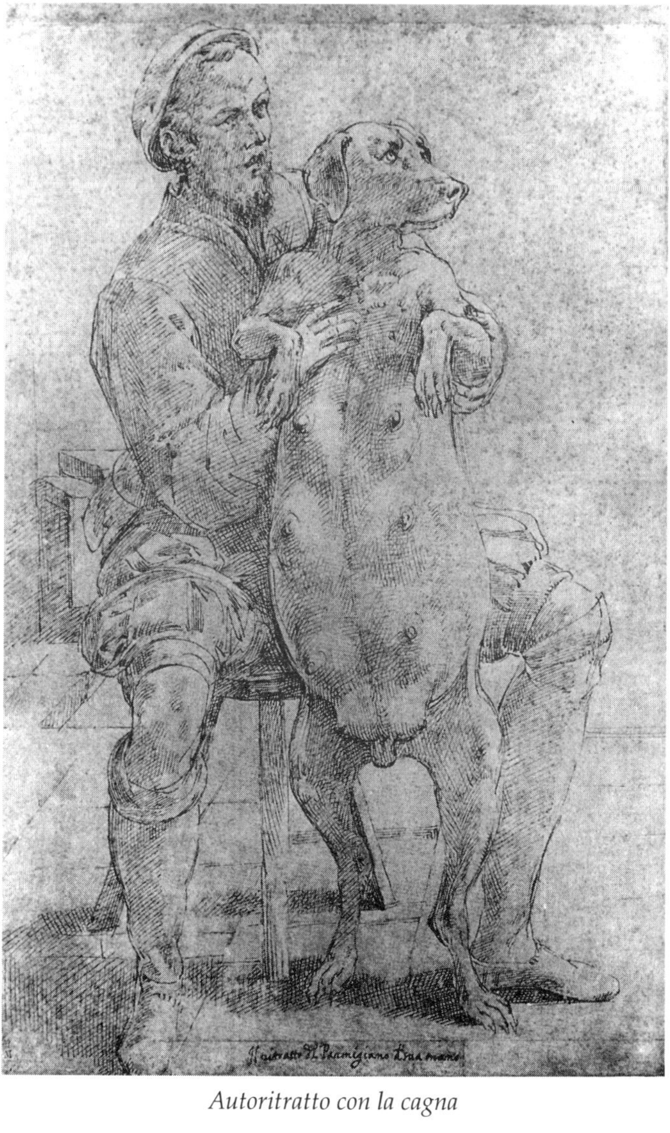

Autoritratto con la cagna

più degli occhi di qualsiasi uomo, con la consapevolezza di chi riceve, da qualche sorgente, la verità. Il cielo era grigio, nel vento dell'alba; il corpo fu piccolissimo, ma lungo e quasi felice.

Dal fondo della luce arrivarono, camminando, tante persone, parenti e pittori. C'era anche il vecchio Mazzola, con l'odore di Casalmaggiore. Figuriamoci se lei perdeva l'occasione per fare l'esibizionista e la soubrette. Quando già Francesco cominciava a sentire inquietudine, il naso marrone comparve dietro a un paio di gambe in terza fila.

«Ciao» disse Diana.

«Ciao buffona, non ne potevo più.»

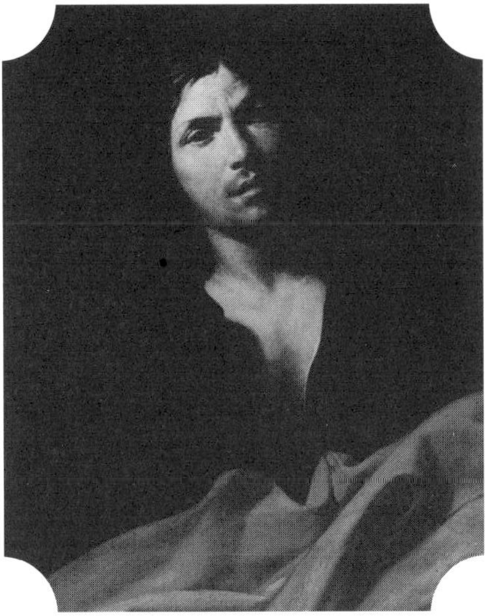

Valentin

(1594?-1632)

Valentin de Boulogne morì di anarchia secondo alcuni a trentotto anni, ma su questa età non vi è alcuna certezza. La data di nascita, nell'ultimo secolo, è già cambiata un paio di volte. In ogni caso, che importa? La legge del "trentasette" non conosce barriere burocratiche. Se veramente se ne fosse andato dopo aver chiuso l'anno fatale, ci commuoverebbe il fatto che, come un saltatore in alto (l'abbiamo già detto), avesse interamente varcato l'asticella. Poi, uno scatto, un fremito, una mancanza di coordinazione. E la sorte, come sempre sollecita agli appuntamenti, lo fece toccare con l'estrema punta della scarpetta. Non c'è certezza o tranquillità, nelle cose dell'Essere.

Se ne andò nel 1632, in una torporosa giornata d'agosto in cui la logica degli eventi lo costrinse ad accettare le follie etiliche degli sciamannati fiamminghi e olandesi con cui divideva le sue giornate, dopo la scelta di evitare i conterranei francesi. Era arrivato a Roma nel 1613. E la città maledetta gli era parsa subito un sublime accampamento di puttane e soldati.

Cristo e l'adultera (particolare)

Lanciéri spagnoli, fanti francesi, miliziani del Papa, guardie del corpo delle famiglie più potenti sferragliavano nei vicoli e si davano di gomito, senza salutarsi, nelle osterie e nelle taverne verso piazza del Popolo. Le puttane erano diecimila, un decimo della popolazione. E tutto questo straziante groviglio di bassezza era annodato lì, nel quartiere in via di costruzione fra il Corso e il Babuino.

I Neerlandesi (*Bentvogels*, uccelli di stormo, per loro stessa rivendicazione) lo trascinarono alla festa annuale della confraternita. Ma un aristocratico francese non ha stomaco di ferro come i nordici. Valentin ("Amador", l'Innamorato, com'era definito dalla banda) bevve tutto il pomeriggio. Prese "gran tabacco", secondo la sua abitudine, e il vizio è già più consono a mani affusolate e veloci come le sue. A sera, si infiammò a tal punto da sentire nei polmoni un terribile bruciore. Nella notte, si trascinò per via del Babuino, dove i muri affogavano nella scrostata penombra di tanti suoi dipinti. I volti baluginavano nel silenzio estivo come illuminati da un'oscillante lanterna sostenuta da mani ignote nell'universo. La fontana sotto casa parve la salvezza. Poiché "il gran'incendio, col moto ognor cresceva, gettossi dentro a quell'acqua fredda, e pensando di acquistarvi ristoro, vi trovò la morte: il freddo maggiormente riconcentrò il calore e gli si accese una febbre sì maligna che in pochi dì fu estinto dal gelo della micidiale morte".

In Francia non era più tornato da vent'anni. Il suo posto era a Roma, nel regno gigantesco della pittura. Ma Roma è sempre quella. Accoglie con trucioli bagnati sui pavimenti dei ristoranti nelle sere d'inverno, e con grandi ombre indifferenti sotto le lune

Riunione in una bettola

d'estate. Oggi i pittori si fanno coraggio, fra automobili e pneumatici abbandonati, in un casermone con i vetri sporchi che galleggia su arie sciroccose nel quartiere di San Lorenzo. Allora, la notte dei miracoli, chiara e rissosa, arrivava nelle bettole dei soldati e delle puttane. Ma sono proprio i venti e le lune a rendere Roma sempre uguale. Immense miserie, immensi cinismi, che si bagnano nel rosa opalescente dei tramonti e di navette che tornano dalle onde della classicità.

In quella, in questa Roma, un pittore ha tre scelte possibili. Valentin rifiutò d'istinto quella dell'ufficialità, che comportava l'iscrizione all'Accademia di San Luca (ricetto del generone pittorico), e rapporti pappa e ciccia con gli altri francesi – accademici naturali – residenti a Roma. Parve optare per la seconda possibilità, quella *bohémienne*, aderendo alla cricca degli ubriaconi fiamminghi che reggevano le gozzoviglie per tre giorni e tre notti, e chiudevano il festino all'alba, con un ultimo brindisi sul sepolcro di Bacco a Santa Costanza. In realtà imboccò la terza via, quella dei grandi, che postula volo ad alta quota, rifiuto dello "stormo", e, inevitabilmente, solitudine.

Venuto dal blu di Francia, in esso tornò, a dispetto dei francesi, solcandolo come fosse un cielo limpido e lontanissimo, esplorato in ogni possibile dolcezza e acidità. Blu di tuniche strusciate di biacche, nel piombo insidioso e tangibile dell'ombra; oltremarini verdastri che accolgono le figure come acquari notturni; azzurri schioccanti e agri che rievocano la selezionata avarizia del Pontormo e di Lorenzo Lotto; luci di cobalto, soprattutto, che filtrano da firmamenti di tempesta incombente e mai esplosa, avvolgendo gli umani in sottili, inesorabili preveggenze di sventura.

Dal suo blu, Valentin amò discendere nei vicoli di Campo Marzio, sulle orme di Caravaggio e Bartolo-

Incoronazione di spine a sette personaggi (particolare)

Concerto a quattro personaggi e un bevitore

Riunione con indovina

meo Manfredi. Le divinità devono esplorare mondi ignobili che sfiorano e pure non conoscono. Ma fu sempre inappuntabile, l'Innamorato: non perse distinzione e dignità; visse con bari, bravi, suonatori di quart'ordine e ruffiani, per scoprire il limite infimo cui può spingersi l'invincibile nobiltà della scimmia chiamata uomo; elevò aliti putrescenti di osteria con rossi di velluto, verdi di bandiera e bianchi di seta; dardeggiò il pennello con la composta prestezza di chi aveva appreso la scherma alla scuola dei moschettieri guasconi.

Soprattutto, cercò negli uomini il segno tangibile del loro decadimento. Lo lesse negli occhi. Attraverso quel pertugio più indifeso, discese nei ricetti miserevoli e infami che sono il seguito del peccato originale. La sequenza dei suoi dipinti ci offre una delle più memorabili teorie di sguardi che la pittura

Le quattro età dell'uomo

Riunione con indovina (particolare)

Concerto a quattro personaggi e un bevitore (particolare)

Concerto a otto personaggi (particolare)

abbia saputo immaginare. Nebbie perlate e impenetrabili; malinconie feroci; introversioni; inutili consapevolezze; abbandoni bovini; avidità fanciullesche di bambini che cantano; orrori; terrori; e sempre, ovunque, la larga, tranquilla certezza che la partita è persa in partenza.

Si chiese proprio questo, immerso nella fontana del Babuino. Moriva per anarchia, per aver negato l'accademia dei francesi, che il vino lo bevevano con moderazione ed eleganza. Moriva per snobismo, per essersi ubriacato con gli animali del nord. Moriva per aristocrazia, per spregiare l'altro snobismo, quello senza nobiltà dei suoi compatrioti.

Trovò una sola risposta: chi è senza terra precipita sempre, da una parte o dall'altra. E tanto più si sfracella quanto più ha retto il volo ad alta quota. Non rimpianse nulla. Capì che è impossibile non rimpiangere tutto. Scavalcata l'asticella, seppe che anche l'estate del 1632 stava andandosene; ed era l'ultima.

Cantarini

(1612-1648)

Una mano di gioco, un soffio nel tempo. Tutto lì. Una carta scoperta, o coperta. Come a *chemin-de-fer*, la vita in una "mano", che dura pochi secondi. Lo sanno tutti i giocatori. E meglio di tutti lo sapeva lui, l'angelo di fango, il padre spietato, il grande vecchio del Terrore Bianco, Guido Reni, che, alla fine della vita, dal tramonto all'alba, faceva il giocatore di professione. Il momento della verità è un attimo denso, su cui la vita concentra il peso della sua insensatezza, un attimo che verrà rivissuto infinite volte come sotto l'effetto di una droga che rallenta le movenze e non aiuta a capire il perché. Quello è il punto di separazione fra la fortuna e la sventura, quello il crinale di un destino che può farsi luminoso o straziante.

Rimette in moto la moviola per la milionesima volta, infatti, Simone Cantarini detto il Pesarese, mentre sta per morire alla soglia dei trentasette anni. Il fratello frate l'ha pulito e cambiato da poco, perché da giorni, come tramandano le cronache, la dissenteria è terribile. Muore nel posto a lui più estraneo del mondo, fra le mura di un convento veronese dove si è precipitato da Mantova (e non doveva farlo quell'ultimo viaggio, non doveva...) al primo insorgere di un male quasi certamente dovuto ad avvelenamento. Ma è così strano questo ottobre del 1648! All'uscita da Mantova il lago superiore scintillava di blu argentato, di verde pisello e di giallo marcito, fra le ultime ninfee. Poi è cominciata la leggera bruma salmastra che saliva dalla terra impregnata d'acqua. A Verona era già nebbia. Un liquore opaco, insonorizzato, che, fuori dal convento, emette ronzii e tonfi sordi sul selciato. Talché la vita, adesso, a trentasette anni, è così: nebbia e feci; la nebbia argentata e le feci che sei anni fa hanno ingoiato anche lui, Guido, padre senza misericordia.

Dunque, la moviola. Bisogna anzitutto capire come ci si è arrivati, all'istante in cui il destino ha distribuito le carte. Simone il Pesarese è consapevole di sé, sa di essere uno dei grandi pittori del Seicento, certamente il più geniale fra i giovinastri passati nello studio del divino Guido, e non intende nascondersi la verità. Era un ragazzo bellissimo, dotatissimo, ingenuo e incantato: sì, incantato prima di tutto dalla sua stessa grazia, dalla facilità con cui le cose arrivavano senza chiederle, dalla felicità del pennello, dalla naturalezza della seduzione. Era un guascone: e che male c'è ad essere ragazzi sinceri e guasconi? Se n'era fatte tante, di avventure, a diciotto anni, nella prima trasferta a Fano, prima che padri e mariti diventassero minacciosi, e lui dovesse scappare nel monastero di Brattino! A Guido Reni queste cose sarebbe stato opportuno tacerle, perché il Maestro, da rospo magro, abbassava gli occhi, arrossiva, pareva soffrisse di gelosia, e proprio non si capiva in quale gorgo di pena sprofondasse il suo cuore dietro alle infinite difese che lo proteggevano...

E proprio lì, a Fano, la rivelazione! L'*Annunciazione* di Guido, il futuro padre spietato. È soprattutto un ragazzo guascone che può sentire la meraviglia della sublimità. Luci di paradiso, incanti del cielo, rosa e gialli di sete divine, tutto quello che la pittura può in-

Ritratto di Guido Reni

ventare e che non esiste in questo mondo. L'aveva capito, il Maestro, che cosa avesse significato, per un ragazzo, guardare il mare di Pesaro, e sapere che lassù c'era Bologna, e là c'era lui, il Maestro, cioè tutto ciò che era lecito desiderare dall'arte, forse anche dalla vita? L'aveva capito, il divino Guido, che il primo sbarco a Bologna, in via San Vitale, in una sera d'inverno, era stata sofferenza pura, cuore gelato, vitaccia feroce e scoperta, ma tutto andava accettato a denti stretti, perché era pur sempre un avvicinamento a lui, al centro di tutte le gravitazioni?

Macché gioviale! Bologna è città meravigliosa perché dura e inquadrante, perché, con mille, geniali dolcezze, mette ciascuno al suo posto, e non è affatto detto che, sul breve termine, azzecchi la scala dei valori. Guido stava là, nel centro esatto dell'Inferno e

G. Reni, Annunciazione

del Paradiso, sul fianco di San Petronio, fra le Pescherie e il Portico della Morte, centinaia di miglia lontano dalla stanzuccia di Simone in San Vitale. Usciva nelle mattine, il Maestro, per andare a messa a Santa Maria della Vita, poi camminava senza salutare nessuno, era diafano, portava l'odore di chi ha rifiutato Roma, e può farsi desiderare dall'Europa intera.

Ma come viveva... Entrare nel Laboratorio, per il guascone pesarese, aveva significato capire la sordidezza della sublimità. Gli aiutanti di serie B dormivano in loculi ai piani superiori, e lì era stato alloggiato anche lui, Simone, per qualche mese. Giù, lo studio e la casa del Maestro. Guido non aveva neanche un pagliericcio, dormiva per terra sulle tele sporche di colore; dormiva per modo di dire, perché le notti le passava in bisca, e quando tornava con la barbetta arricciata all'insù significava che aveva perso un'ulteriore fortuna. Chiamava i facchini dalle Pescherie, e li faceva denudare. Gli piacevano troppo, ma sulle tele diventavano angeli.

Che silenzio perfetto quando la porta dello studio si apriva, e lui passava in rassegna gli allievi che disegnavano da ore! E che strana umanità in quel vecchio che Simone aveva spiato una domenica mattina, mentre, in solitudine, si chinava sulle tele degli scolari, e correggeva occhi mai estatici come dovevano essere. Il loro rapporto era nato in quel momento. Vedendolo, Guido aveva mormorato: «Quanti occhi avrò rifatto in vita mia...». Nei suoi, di occhi, c'era dolcezza. E interesse. Chissà: attrazione...

Simone era stato chiamato nelle stanze dei collaboratori stretti del Maestro. Reni di notte andava per bische e di giorno dipingeva viole distillatissime ed esangui, sublimi menzogne che negavano il fango in cui era immerso fino al collo; metteva sulla tela l'intollerabile gravezza della rarefazione. Simone era sincero, con il pennello e con le parole. Il rosa di una veste, o il lampo di uno sguardo, dovevano avere il peso, la densità, il sapore, forse il malessere, di ciò che c'è nel mondo, e si vede. Insensatamente, nel gioco mortale, cercava verità.

Parlavano per ore. Si guardavano per ore. Ma il muro era lì. Il muro che divideva la vitaccia dal sogno della rappresentazione. E intuiva, il Pesarese, il groppo che imponeva a Guido di chiudere il mondo fuori dalla porta dell'arte. Intuiva la disperazione di un gigante che voleva insegnare tutto questo ai suoi allievi, amati con la straziante esclusività di chi è rimasto – in tutti i sensi – solo. E gli era stato grato quando il Maestro aveva segnalato il suo nome di venticinquenne per un'importante impresa a Castelfranco Emilia. Ma da guascone ingenuo e venticinquenne aveva presunto che la grandezza comportasse anche larghezza di vedute; e generosità. Il che non è vero. Quasi mai.

Il destino aveva distribuito le carte in un pomeriggio d'estate del 1637. Bologna emanava luce direttamente dalle pietre. Guido Reni passava in rassegna il lavoro dei suoi protetti per la chiesa di Castelfranco. I ragazzi di studio apparivano schierati come una truppa di soldati svizzeri, nel sudore, nella luce d'acquario e nell'ansia. Quando Simone aveva scostato il drappo che nascondeva la sua *Trasfigurazione*, Guido era impallidito. La nobile guancia febbrile era parsa per un istante scheletrica. Aveva compiuto tre passi verso la tela. Col gesso, come con un pugnale nella carne stessa della pittura, aveva corretto la sproporzione della figura che Simone amava di più, e nella quale aveva messo vita, sangue e verità. Nell'aria bassa, si era percepito fisicamente il brivido degli amici e dei rivali. Lui, il Pesarese, si era mosso con lentezza e con la testa in una cappa di bambagia. Aveva fissato il suo quadro sfigurato. Attimo decisivo. Freddo di sudore. Calma disperata. Aveva infila-

Trasfigurazione di Nostro Signore

to le dita fra la tela e il telaio. Aveva girato il quadro contro il muro. Aveva rifiutato il Maestro.

A *chemin-de-fer* la carta viene scoperta. In quel caso, la carta era stata coperta. La furia del mondo aveva scollinato lì. Era finita. Oggi, fra le feci e la nebbia di un convento veronese, Simone Cantarini sa che il precipizio in cui è caduta la sua vita negli ultimi undici anni ha origine in un soffio del tempo, l'istante in cui si è aperta la voragine. Bando sempre più totale da Bologna; capolavori dispersi in provincia di cui nessuno riconoscerà il valore per secoli; il ritorno a Bologna il giorno dopo la morte del Maestro, ritorno inutile perché afflitto dallo spettro di un mostro che bisognava sconfiggere nelle idee per non esserne massacrati nei sentimenti. Oggi, Simone Cantarini sa che il resto non conta nulla, e tutto si è deciso nel momento in cui ha girato quel quadro contro quel muro.

È lucido, il Pesarese, mentre se ne va. Anzitutto gli appare chiaro che è insensato attendersi generosità dai grandi, per il semplice fatto che la grandezza deriva da un mostruoso atto di concentrazione e di volontà, atto senza il quale non ci sarebbe grandezza. Ma capisce soprattutto che, finché si è in questo mondo, non esisterà mai risposta. Il rospo segaligno, l'immenso, divino ipocrita Guido Reni ha scelto di vivere fra le feci per ignorarle, e raccontare il Paradiso. Lui, Simone, ignorato da tutti, sconosciuto, sprofonda nella vitaccia e nelle feci che ha raccontato per tutta la vita. Se è per questo, sa di aver detto la verità, e di non essersi sbagliato.

Ma è tardi. Adesso è tardi. E la verità – forse – è ancor più semplice di così. Era inevitabile. Inevitabile per lui. Inevitabile per il grande ipocrita. Forze. Energie. Tutto va, esattamente, com'era inevitabile che andasse. E una "mano" totalmente consapevole, l'ultima; una consolazione, l'ultima, valgono più dello strazio di una vita che adesso non c'è più.

Watteau

(1684-1721)

Il curato di Nogent, don Carreau, aveva capito qualcosa. Tutto si era svolto con la massima naturalezza. È noto come andavano le cose con le malattie di polmoni: si moriva sapendo di morire. Ai primi di luglio, il prete aveva attraversato il ponte sulla Marna verdastra sotto un cielo di lapislazzulo, aveva bussato alla porta, era salito per le scale strette fiutando l'odore di legno e di muffa, poi aveva incontrato la pelle di tartaruga di Antoine Watteau, il cumulo di rughe accasciato sotto la coperta, e affogato nell'effluvio d'olio e dei quadri che riempivano quasi ogni decimetro della stanza; le rughe e lo sfacelo di un bambino prodigio che adesso dimostrava venticinque anni più dei suoi trentasette. Eppure Carreau, che sapeva vedere, capì che Watteau era stato bello. Fragile, chiuso; e attraente proprio per questo.

Fu un'estrema unzione anticipata. Si stupì, il curato, quando Watteau non oppose resistenza. Era pronto a usare ogni arma divina e diabolica. Ma Antoine disse sì; con un curioso lampo negli occhi, ma disse sì. Ammise di aver dipinto, per sé e per sé soltanto, tutte le *nudités* che gli piacevano: per esercizio, disse, solo per esercizio. Si alzò a fatica; spostò, in una catena di quadri appoggiati al muro, la prima fila; e cominciò a girare quelli sotto, bellissimi, non tanto perché c'erano seni, natiche e peli di pube, non per quello, ma perché c'era il desiderio, il demone del desiderio. Carreau l'avvertì, infatti, e non se ne vergognò.

Poi il curato accese il fuoco, e Antoine, tornato sotto la coperta, ne provò un senso di benessere. Carreau cominciò la sua breve, rapida spola. Prendeva un quadro di *nudités* e lo buttava nel fuoco. Per qualche minuto la fiamma divampava. Procedeva infatti con ordine, Carreau: non voleva che il camino si intasasse. Poi prendeva un altro quadro di *nudités* e lo appoggiava tra le fiamme, che tornavano a rinvigorirsi. Ci volle parecchio tempo, perché la cappa, in quella giornata d'estate, rischiava di non aspirare. Inoltre, il caldo aumentava sensibilmente, e si doveva aspettare che la corrente d'aria, tra le finestre aperte con oculatezza, smaltisse l'afa a momenti irrespirabile. Odore d'olio e di tela bruciati. Caldo. Una specie di allegria. Ma, alla fine, di *nudités* non ce ne furono più.

Antoine Watteau tacque tutto il tempo. Attimi, pensò. Il tempo. Il tempo che se ne andava. Il tempo che è materia in trasformazione. La materia se n'era già andata. Adesso se ne andava anche il ricordo della materia. Odori. Erezioni. Quegli attimi strani che sono gli orgasmi. E anche l'arte. Intuizioni. Pennelli bagnati. Forme. Illusione di grazia. Tela, dopotutto. Olio. Colori. Stracci sporchi. Eccola lì, la fiamma. Eccola la cenere, che prima è nera, poi diventa bianca. E quando è del tutto bianca, l'ordine è raggiunto. La perfezione del Nulla. L'ordine di ciò che fu e che non è più. La fogna del tempo. La fogna prosciugata e purificata. Il lascito di ciò che fu. L'inerzia. Il Nulla. La perfezione.

Sorridevano, gli occhi di Antoine.

L'estrema unzione vera e propria gli fu impartita il 16 luglio 1721. È incredibile come, a quei tempi, un tisico se ne andasse con lucidità. Una candela che, fino all'ultimo istante, brucia ancora. Così, nella notte del 16, per tutto il 17, e deliziosamente nella notte fra il 17 e il 18, Antoine Watteau si prese tutte le sue vendette. Molti sostenevano che la tubercolosi provocasse uno stato di eccitazione permanente. Watteau capì *in exitu* che era vero. Per quarantott'ore fu eccitatissimo.

Non avevano capito. Lui aveva voluto che non capissero, e non avevano capito. I quadri di *nudités* erano prove, abbozzi, svaghi di un pomeriggio, in preparazione delle scommesse serie. I grandi amori della sua vita, il grande eros, il fuoco nelle sottane, lui l'aveva messo nei quadri ufficiali, quelli che facevano spasimare per garbo ed eleganza, quelli che potevano entrare nelle collezioni più rare ed educate. E l'aveva messo quasi sempre nella raffigurazione delle statue. Una statua laterale, in un parco, un po' nascosta, biancastra... Com'è stupido il mondo! Era bastato dipingerle un po' biancastre, quelle bombe di sesso, e il mondo aveva pensato che una scultura è morta, e non è che non desti desideri, ma non può rovinare patrimoni e matrimoni, turbare l'ordine delle cose, e stupidità simili.

La guardassero Paulette sull'estrema destra dei *Divertimenti campestri*, con i capelli cadenti e una gamba incrociata sotto l'altra! Sembrava una statua,

Divertimenti campestri

quella? Paulette bianca come una statua. Ma Paulette era bianca! E quella posa accucciata, con un braccio che copre i capezzoli, e il faccino da bambina perversa, era esattamente la posa che lui le faceva assumere sul bordo del letto. Il perché era presto detto. Perché lì, nell'incavo più lontano, si vedeva l'estrema punta del pube castano, e lui sapeva che cosa avvolgeva.

Era bello partire dalla fossetta fra il naso e la piccola bocca, bocca da angelo ingordo, e saperlo che lui non era stato il primo, e non sarebbe stato l'ultimo. Odore di pri-

Divertimenti campestri (particolare)

mavera, e la piccola lingua da piccola serpe che spuntava dalle labbra, e la rapidità, la forsennata velocità con cui cominciava a spalmargli di saliva le labbra. Poi gli occhi verdi, quegli occhi di smeraldo che stavano fissi nei suoi, e lo attraevano, e lo sfidavano, e dicevano "vieni, qui c'è tutto quello che vuoi dal mondo, tutto ciò che ti dà piacere al mondo", e dicevano "però non tentare di passare il sipario, dietro ci sono io, quello che sono io, e che tu non potrai sapere mai"; ma era proprio quello, quel velo di piacere, e il divieto di andare di là (perché del piacere bisogna accontentarsi), a farlo delirare, lui, Antoine Watteau.

Poi il naso nei capelli, il sapore di vento, di parchi e di maggio, quell'onda lunga, lunga di morbidezza. E da lì la spalla, e l'omero che creava l'incavo alla base del collo, e la piccola prateria fra il collo e l'orecchio, morbidità infinita, mentre lo sguardo correva verso il ricciolo che i capelli cominciavano a scompigliare dietro l'orecchio, scoprendolo. Poi la discesa, e il primo, lento pendio di carne. E più su, nel pendio, mentre i pori di Paulette si aprivano e cominciava la pelle d'oca, poi il piccolo bordo rosa del capezzolo con le infinite protuberanze turgide della pelle eccitata, e lì la lingua che disegnava un movimento circolare, forse dieci, forse quindici volte; poi la scalata, il cucuzzolo, dimensioni di perla, durezza di onice, e lei che cominciava ad alzare il pube, perché lì era atteso qualcosa, e presto sarebbe arrivato qualcosa.

Poi la corsa verso l'ombelico (i tempi, la pazienza dell'attesa, si restringevano secondo dopo secondo), l'ombelico prima concavità da riempire e penetrare, mentre in lontananza già si vedeva il monte di Venere, e lì cominciava la seta, il batuffolo ben pettinato e raccolto al centro, l'educata pettinatura che nascondeva il privilegio più insospettabile: le grandi, grandi labbra che si aprivano esattamente come una valva, e pulsavano come una valva, e parlavano come una valva. «Fa male?» mentiva Watteau, entrando. «No. Fa bene.» E il viaggio all'estremo confine dell'universo. E il ritorno sempre più fitto a quell'ultima spiaggia. E i lamenti di Paulette; l'uggiolio di chissà quale immemorabile sofferenza. E il prodigio di finire insieme. Con lei, spesso, insieme.

Bruciassero. Non importava più nulla.

Perché anche Blanche era salva, e lei era proprio l'amore, la castità dell'amore, quella cosa impensabile, incredibile, certamente inimmaginabile, che consiste nel risucchio di due anime, e di due psicologie. Antoine aveva rinviato il ricordo, perché l'amore è sempre troppo doloroso e troppo inafferrabile. Era la più bella, Blanche, e con lei Watteau non era dovuto neppure ricorrere a eccessivi sotterfugi. Era bastato

Antiope spiata da Giove

rappresentarla come *Antiope spiata da Giove*, e lo stupido mondo aveva accettato.

Era la più bella e la più corteggiata, Blanche. Era la più spiritosa, proprio per la grazia e l'eleganza con cui teneva lontano chiunque. Aveva voluto lui, Blanche, con calma e determinazione. Lei che poteva avere tutti, aveva voluto lui, il piccolo purosangue ombroso. Il femminile, il senso della specie, la protezione della specie (unica forza ordinatrice dell'umanità), le aveva imposto il puledro più puro e, già si intuiva, sfortunato. Non era stato senso materno: quella è una semplificazione. Era stata una scelta di cromosomi. E lui, per maledizione, per destino, non aveva fatto in tempo a darglieli.

Il destino con la D maiuscola. La forza cui non ci si può opporre. Perché ci aveva provato in tutti i modi, lui cavallino infantile e bizzarro, a scappare da qualche altra parte. Ma lei era lì, innamorata, come un centro di gravità; sofferente e serena; lei che diceva, implicitamente diceva: «Lo so che sei un cavallino purosangue e bizzarro, ti amo per questo. Ma io non posso farci niente, ti amo e non posso che aspettarti, perché il destino lo vuole. Vorrei, ti giuro che vorrei, che per te non fosse così, ma temo che non ci sia niente da fare». Non c'era stato niente da fare.

Era lì, Blanche, addormentata sul divano come Antiope nel quadro, bellissima e bianchissima, in tutti i sensi bianchissima; purissima. Tutto in lei era distillato: l'alito; i seni che per qualche prodigio, per puro prodigio, erano insieme seni di amante e di mamma; e il buco, l'adorato buco, che non cercava pratiche sessuali, ma cercava lui, il piacere era lui, il cavallino dentro. Antoine sapeva che per lei quello era il senso delle cose: che non c'era altro senso possibile. L'adorato buco stava lì, con i suoi casti peli intorno, stava lì e lo chiamava. Quello era il destino; e

Festa d'amore

Festa d'amore (particolare)

le sue leggi volavano infinitamente più alte di tutte le cose di questo mondo.

Infatti Blanche se n'era andata, perché il destino, nelle sue leggi volute dalle potenze celesti, ha un'apprezzabile componente di ironia. Se n'era andata per lo stesso marciume di petto che fra poco si sarebbe portato via lui, Antoine. I seni di mamma-amante, e l'adorato buco, non c'erano più. Non ci sarebbero stati mai più.

... Ma era salva anche Antoinette, la grande amatrice, amatrice professionale. Aveva un po' mentito, Watteau, dipingendo la sua effigie di marmo, con un putto, nella *Festa d'amore*. Perché Antoinette, in realtà, era nera, nera come l'inferno; e tanto nero l'avrebbero riconosciuto in troppi.

Teoricamente, Antoinette era inclinata a uomini muscolari, e ad essi aveva anzi dedicato gli anni migliori della sua vita. Ma con lui era scattato qualcosa, che nella sua ultima notte di vita Watteau definì "muscolarità di mente"; la potenza, il vigore della fantasia. E allora Antoinette gli mostrava qualcosa della foresta nera sotto la *culotte*, e aveva ritmi tutti suoi. In realtà, seguiva semplicemente l'evoluzione del suo desiderio, che poteva essere ora lenta ora rapidissima; a Watteau piaceva sentirsi puro strumento passivo di piacere; lei diceva: «Qui», e porgeva un capezzolo; poi diceva: «Non fare ingelosire il suo fratellino»; poi voleva che lui risalisse la foresta fin dalla coscia, dove cominciava; e poi dall'ombelico, dove partiva sul versante opposto; e non le importava in verità molto della fessura, perché lei si eccitava esibendosi; e improvvisamente chiedeva a Watteau di sedere in poltrona, e lei si sedeva su di lui, ma non faccia a faccia, Antoinette gli porgeva la schiena, e guardava altrove, e raccontava a voce alta le sue fantasie: lui poteva non esserci; poi improvvisamente le fantasie venivano quasi urlate, il mulinello si faceva frenetico, e tutto finiva rapidamente. Dopo, un istante dopo, aveva gli occhi lucidi, e tornava gentildonna perfettamente padrona di sé. Un istante dopo, poteva già parlare di filosofia.

Ricordò anche Melille, Watteau, nelle sue ultime quarantott'ore di vita, e fu soddisfatto di averla salvata, col suo languore monumentale negli *Champs-Elysées*. E rivide Lucilla, italiana di pelo biondo rubata al

Gli Champs-Elysées

tempo nella *Toilette*; e Jeanne, immensa architettura di cellule, meritevole di vita perpetua (nel *Giudizio di Paride*) solo per la strepitosa fantasia di cui la natura aveva dato prova costruendola. Ma la mente tornò sempre lì, agli archetipi: Paulette, l'adolescenza; Antoinette, la forza; Blanche, l'amore. Tutto andato. Tutto nella fogna del tempo.

Meglio così. Così accade. E prima accade meglio è. Meglio la morte prima della corruzione. Il sangue si era fermato. Si era fermato il desiderio, che aveva fermato il sangue.

Gli Champs-Elysées (particolare)

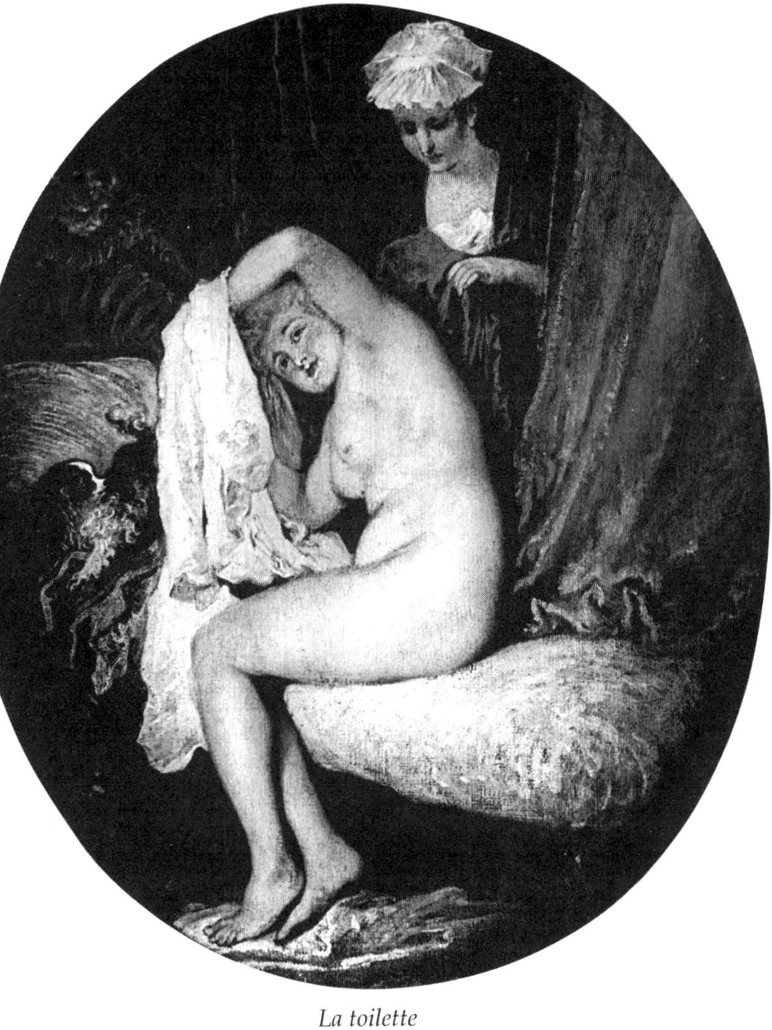

La toilette

Il giudizio di Paride

"Ma i diavoli della passione – che c'erano, ed erano concretissimi –, dove volano dopo la morte?" Fu, questa, l'ultima domanda che si pose in vita Antoine Watteau.

L'attimo seguente, su una nuvola, chiese a Blanche se ce l'aveva ancora.

Van Gogh

(1853-1890)

Voglio tornare su quegli ultimi giorni, Theo, un punto che tu non hai mai veramente voluto capire, e per il quale, dunque, non mi hai mai veramente perdonato.

Ero stanco. Avevo sonno. Un sonno mortale. Vedevo le cose con straordinaria lucidità. Come non mi era mai capitato prima. Non c'era un minuto da perdere. Mi sembrava che l'occhio si fosse dilatato. Ciò che percepivo non erano apparenze, ma verità: LA VERITÀ. I pittori avevano dipinto le apparenze. Io vedevo e potevo dipingere la verità. Non dormivo più. Non avevo tempo neanche per urinare. Finivo verso il tramonto – le otto di sera – e facevo appena in tempo a pensare al quadro che cominciavo all'alba del giorno dopo. In tre mesi ho realizzato più di ottanta tele. Una al giorno. Ero come un tronco di quercia incandescente, senza fiamme ma incandescente. Si può, senza morire? Infatti sono morto.

Ma voglio procedere con razionalità, dote che tutti mi negano (anche qui, in Paradiso), e che invece, a mio avviso, possiedo in misura considerevole. Bisogna capirsi. Se la razionalità serve a penetrare la verità, io sono razionale. Se serve a costruire macchine di parole, non me ne importa nulla. Nelle parole "macchinate", verità non ce n'è: oggi, qui, lo sappiamo bene.

Allora. *Punto uno.* Ciò che vedevo. Ma tu hai idea del silenzio che pesava su quel campo di grano? "Pesava" è proprio la parola giusta. Era un silenzio di vetro fuso. Ma poi c'era il vento, quel vento che urlava come se mille lupi si fossero messi a latrare in un momento solo. E poi c'era il cielo, che pesava più della terra, del grano e di tutto il resto, il cielo che sembrava un gelato di inchiostro che stesse squagliandosi, solo che dove si squagliava non diventava più chiaro, ma nero, lingue di pece. E poi si alzarono i corvi, che erano grassi. Zampate grasse nella gelatina del silenzio, nel rombo del vento, nel liquame del cielo e nella maionese del grano. Ma quale maionese? Quella era una torta appiccicaticcia, già tormentata da mille cucchiaini. Poteva succedere di tutto. Ma quella cosa là, la natura sulla terra, è così: può sempre succedere di tutto, succede di tutto; e nessuno se ne accorge. Io cercai semplicemente di dire la verità. Cercai di avvertire chi mi ascoltava, ma soprattutto

Campo di grano con corvi

chi non mi ascoltava, su quel che stava accadendo. Facevo il cane da guardia per l'umanità. Sbagliavo?

Hai idea di che cosa abbia voluto dire, per me, accorgermi, già a Saint-Rémy, che in cielo non c'è una luna, un sole, ma tante lune, tanti soli, e tante stelle anche troppo luminose? La grandezza, e la luce, per noi sono questione di proporzioni e di miopia. Ma le lune e i soli sono là, a miliardi, e producono il vento cosmico, quel vento che squassa tutto. E noi siamo piccolissimi, d'accordo, ma adesso bisogna stare attenti a non sbagliare le proporzioni all'incontrario. Perché siamo piccolissimi, però importantissimi. Sacchetti di merda con un destino, straziante destino. Il destino è nel sacchetto di merda, così anche il sacchetto di merda, per il destino che contiene, diventa

Notte stellata

Cipresso in un cielo stellato

enorme: un assoluto. Come per il feto, l'uovo. Se si rompe l'uovo, muore il feto. E allora cosa resta? Cosa resta sotto i miliardi di soli e di lune?

A me parve di capire tutto questo. Che si tratta – sempre – di dipingere l'elemento di separazione. La tela, la pittura, è l'elemento di separazione fra i soli, le lune, e il feto; il singolo feto; cioè il singolo destino. Ci ho messo il cipresso, in quel quadro, perché era come un paletto di misurazione per geometri. Un'unità di misura fra le lune e il feto. Senza dire che anche lui, il cipresso, ha il suo feto, cioè il suo destino. Impresa da poco dipingere tutto questo, vero, vecchio mio? Avevo qualche ragione di essere stanco? Ne ho fatti ottanta in tre mesi, di quei pastrocchi, e non ho la più pallida idea di come siano venuti. Neanche oggi, capisci, quando conosco perfettamente il senso delle lune, del vento, e dei singoli feti.

Figurati allora. Cosa diavolo doveva fare il mio essere, se non cercare il riposo?

E poi c'era Gachet. Il dottore la sapeva lunga, e ben presto l'ho saputa lunga anch'io. Cosa ti sei messo in testa, tu, proprio tu per primo, per far credere che ero un selvaggio? Ma quale selvaggio? Ne sapevo più di te e di tanti altri. Gachet era un medico, era laureato in psichiatria e aveva studiato la malinconia, anzi la melanconia: proprio la mia malattia. Oggi anche tu, con il linguaggio degli uomini d'oggi, diresti che ero un maniaco-depressivo. Lo ero: e allora? Quando ero depresso, e voi mi trovavate delizioso, un incanto d'uomo, io ero disperato, e volevo semplicemente morire. Quando ero in forma, e mi sentivo bene, e credevo che se avessi voluto la luna avrei avuto la luna, quando ero – come diresti tu oggi – in fase maniacale, pensavate che ero un rompicoglioni, e ve la battevate, tu a Parigi, Gauguin a Tahiti, e via dicendo. Bell'amore!

Bell'amore! Volevate star bene voi, o desideravate che stessi bene io? La risposta giusta è la prima, e tu lo sai bene. Ma anche tu avevi il tuo destino nel tuo sacchetto di merda. Lasciamo perdere...

Sarò anche stato un rompicoglioni, ma quando ero in fase maniacale (come diresti tu) potevo non dormire per giorni, sentivo di potere tutto; il vento, il vento del cosmo mi possedeva, ero pura energia. E allora vi stancavo. Vi stancavo perché ero pura energia. Non la reggevate l'energia, con la vostra vituccia da impiegati. Bell'amore! Non volevate il mio bene. Volevate quello che per voi era comodo fosse il mio bene.

Allora, la vuoi sapere la verità? Ero stato euforico per tre mesi, tutti i mesi di Auvers. Per quello ho dipinto ottanta quadri, per quello riuscivo a non dormire mai, per quello volevo la luna e ho avuto la luna. Figurati che ero convinto di essere guarito per sempre, e, sentendomene fuori, mi divertivo a studiare la malinconia, cioè la depressione. Gachet ne aveva descritto i sintomi nella sua tesi di laurea: l'uomo che diventa un lombrico e si rattrappisce nello spazio. Allora io ho fatto il furbo. Gachet era rosso di capelli come me. Così io ho finto di fare un ritratto a lui, come se mi facessi un autoritratto. Un ritratto-autoritratto in veste di malinconico, cioè di depresso.

Ma facevo il furbo, hai capito? Era proprio lui che dipingevo, lui come immaginavo me stesso quando ero depresso. Un verme umano, che voi trovavate tanto carino, educato e delizioso. Mi ripugnava quel verme umano: per questo il ritratto era Gachet, per questo aveva la faccia di un altro, non la mia! Mi divertivo con un po' di ripugnanza, perché mi sentivo fuori dalla malattia. Fuori per sempre. Come avevo studiato il vento del cosmo, fuori, adesso studiavo il vento dell'anima, dentro. Con distacco. Con disgusto. Vedendo lo schifo che sarei potuto diventare, e

Ritratto del dottor Gachet

non sarei diventato mai più. Ero euforico, già, ero euforico. Ero uno scienziato, capisci? Ero fuori pericolo. Ero un razionalista. Uno studioso.

Allora, vuoi saperla la verità? Accadde tutto la mattina del giorno stesso in cui mi sparai. Volevo spuntarmi i baffi. Ero andato a dormire con il quadro da dipingere pronto in testa. Presi le forbici, mi avvicinai allo specchio. Alzai gli occhi e mi guardai negli occhi.

La vidi. Era ancora lì. Era ancora lì, la scimmia, la depressione. L'energia se n'era andata. Senza spiegazioni. Senza un congedo.

Mi sentii un verme rattrappito nello spazio. Mi sembrò che il mio corpo non fosse mio. Presi la pistola. Camminai nei campi sentendo che il mio corpo non era mio. Il vento era immenso fuori di me e assente in me. Guardai. Fui sempre più schiacciato. Fu inevitabile abolire quel sacchetto di merda con poco destino che io ero. Io ero, ancora e per sempre, un depresso.

Sfortunatamente non sono morto subito. Ho dormito. Per un attimo, il giorno dopo, mi è parso che l'energia ritornasse, e allora ho detto: «Adesso non lo farei più». Ma è stata proprio questione di un secondo. Dopo, la belva mi ha ripreso.

Vecchio mio... Oggi mi pare che una cena con te sia meglio di tutte le verità del mondo. Ma tu hai molte colpe. Hai finto, con la dubbia buona fede degli uomini, di aiutarmi a cercare la verità, e non hai capito che io ero solo un depresso, con sprazzi di maniacalità, o di euforia. Così io sono morto. E tu sei morto. Perdonami.

Vincent

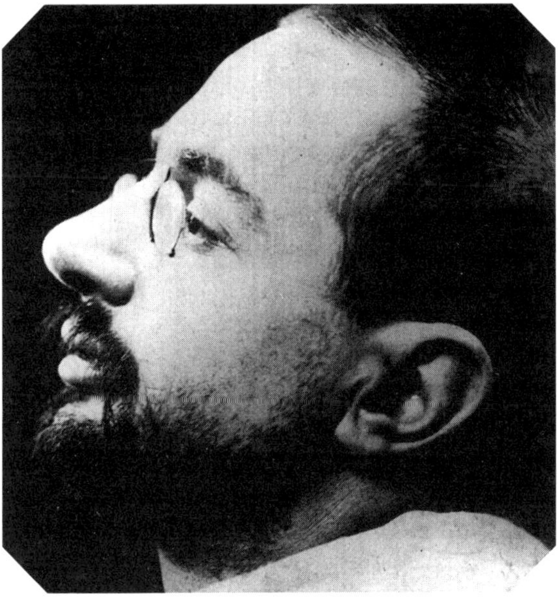

Toulouse-Lautrec

(1864-1901)

Addestramento delle nuove arrivate da parte di Valentin le Désossé

Le Désossé. Valentin le Désossé. Il delirio è appena cominciato, per il contino Henri, il 5 settembre 1901, che la mente ha un solo punto di confronto e di riferimento. Valentin era lunghissimo ed elegantissimo, al Moulin Rouge; camminava su quelle meravigliose gambe facendo della legge di gravità un'arte (il baricentro sulla sinistra, con la destra appena aperta a compasso, poi il baricentro sulla destra, con la sinistra che sbandava appena in curva, i piedi dritti, il bacino alto e cadenzato, fino al giorno in cui, oplà, Henri lo vide incontrare un tovagliolo caduto in terra, e, oplà, alzare un salterello naturale, divino concentrato di grazia, di quadricipiti, di adduttori, di dorsali, di addominali, e di quanti altri muscoli ci tengono in piedi); ma adesso, mentre comincia il delirio, non è questo il punto.

Il punto sono le linee e le ossa; oltre naturalmente alla quota. Il problema delle linee è il più misterioso. Le cellule crescono, ed è già un mistero che le cellule crescano e creino forme, le forme di un corpo. Ma in certe persone le cellule crescono alte e strette, senza errori, senza neanche un piccolissimo errore. Intorno è spazio; e lì, dentro allo spazio, a segnare lo spazio, c'è un mucchio di cellule alte e strette, perfette, agili, belle; perché infatti quella viene definita Bellezza; e anche Henri non può negare che quella sia la bellezza, che a lui sia piaciuta quella cosa lì, mucchi di cellule alte e strette. Non può negare che entrando in quei corpi femminili alti e stretti l'eccitazione fosse infinitamente maggiore, che l'orgasmo cominciasse molto prima

Henri de Toulouse-Lautrec mentre dipinge "Addestramento delle nuove arrivate da parte di Valentin le Désossé"

dell'orgasmo, che apparisse quasi un miracolo poter entrare in corpi così alti e così stretti.

E anche gli uomini... L'arte non è niente. Perfeziona; spiega. Ci ha messo giorni, Henri, per trovare la linea cordellata del ginocchio di Valentin le Désossé, e l'attacco di un piede tanto lungo e fluente nel raccordo con la caviglia da sembrare quello di un fauno. Ha spiegato; rubato il miracolo al tempo. Ma il miracolo era già lì, il miracolo era Valentin, era stata l'inspiegabile crescita delle sue cellule.

Perché poi la scala decresce. Non c'è più il miracolo, ma in molti individui può esistere ancora molta grazia, un po' di grazia, qualche grazia. C'è chi ha eleganza nel salire e scendere le scale. Chi spicca un passo di corsa come se improvvisamente stesse per prendere il volo. Chi si denuda, nell'acqua, mostrando gambe tornite come sculture. E chi non ha nulla di tutto questo.

In taluni individui, quasi certamente per caso, le cellule impazziscono, ed entrano in quell'agghiac-

Henri de Toulouse-Lautrec in barca con Viaud

Henri de Toulouse-Lautrec

ciante territorio che viene definito con una parola semplice e irrecuperabile: anormalità. Uno può avere tutto il resto perfetto, addirittura sublime, ma un difetto, un difetto di crescita delle cellule porta in quel deserto. Anormalità. Poche cellule contratte nello spazio, ed è ANORMALITÀ. È tutto relativo, naturalmente. Per gli abitanti di Marte forse l'anormalità di qui è normalità. Ma che importa, se una vita, l'unica vita che Henri ha, si gioca con leggi precise e immutabili dal primo giorno all'ultimo, le leggi della normalità?

Henri sa che può ancora scegliere: o il Nulla, o la vita, la bella vita, che per lui però significa *anormalità*. Gli sembra che non sia giusta una scelta così. Ma non c'è niente, proprio niente da fare. Non c'è mai stato scampo.

Se la ricorda la prima volta. Era un bambino. Si ignorava. Un giorno era nella grande camera da letto con il padre e con la madre. Accadde all'improvviso. La pesante anta dell'armadio si richiuse da sola, per una corrente d'aria o per forza di gravità, e lui si vide. Per la prima volta, come se fosse un estraneo, vide il mostro. Lo studiò a lungo. Mirò soprattutto le gambette. Poi guardò il padre, che lo guardava. Disse: «Ma sono così, io?». Il conte abbassò gli occhi e disse: «Sì».

Il vecchio stronzo. Il vanitoso di provincia, che pensa ai cavalli... C'è molto buio, nella stanza, e un sottilissimo odore di urina, affilato come un pugnale. I tendoni damascati (se ne contano un'infinità nel castello avito sulla Gironda) tagliano fuori la luce meridiana, il caldo insopportabile e le cicale. Entra il cugino Tapié de Céleyran, che ha vissuto con Toulouse a Parigi. Percepisce mosche, nugoli di mosche; urina e mosche. Si avvicina al letto. Vede il nero di una barba e il bianco un po' ingiallito dove appoggiano le braccia. Henri è un ranocchio sotto il lenzuolo di lino. Poi gli occhi del cugino si abituano all'oscurità. E a capo del letto si vede il conte padre. È impegnato in qualcosa. Si toglie gli elastici dagli stivali, ne fa delle piccole fionde con cui abbatte le mosche. Henri percepisce lo stupore di Tapié. «Il vecchio stronzo...» dice. E in parte sbaglia, perché da qui a venti giorni, quando lui non ci sarà più, il conte scriverà una lettera a un amico, forse segnata dalla futilità di un vanitoso di provincia, ma toccata anche da più comprensione di quella che Henri, adesso, possa immaginare. Il messaggio sarà: "Meglio così. Le pene di un'anima sfortunata ma anche generosa sono finite". Certamente Henri de Toulouse-Lautrec meritava molto di più. Ma, alla fine, questa è la verità. Raramente la verità guarda in faccia ai meriti.

Infatti, adesso, mentre il cugino esce, è curioso, ma Henri sta traendo le stesse conclusioni del padre. Con l'inizio dell'agonia, Henri è come anestetizzato, riesce a dirsi con la massima distanza tutte le verità, ed è d'accordo con il conte: meglio il Nulla o quel che sarà; tutto è meglio della forza di gravità.

Ad ogni buon conto, "Vecchio stronzo..." sono le ultime parole che Toulouse pronuncia in vita. In questo momento si concentra, perché ha altri problemi seri da risolvere. Adesso tocca a quello della quota, più doloroso ma meno risolutivo. Le cose stanno forse così. C'è chi il mondo lo vede dall'alto, nella piena luce che si percepisce solo dall'alto, cioè senza i gorghi d'ombra proiettati dai corpi. Eccolo là, Valentin, con il cilindro *gaulois*, il profilo da uccello, e la linea, la miracolosa linea sinuosa delle gambe librate sulla punta dei piedi, serpenti senza peso snodati nell'aria, mentre tutto è ritmo, leggerezza, acrobazia.

Lui, Henri, ha visto, ad altezza d'occhio, sempre e solo ombelichi. Tanto li ha visti, che sono diventati il punto di fuga di tutta la sua vita. Un giorno ha scrit-

Addestramento delle nuove arrivate da parte di Valentin le Désossé (particolare)

Ballo al Moulin Rouge: La Goulue e Valentin le Désossé

to: "Nella sinfonia degli odori umani, quello asprigno dell'ombelico occupa il medesimo posto del triangolo nell'orchestra". "Per forza" pensa adesso Toulouse, "non vedevo altro!" Avrebbe dato la vita, lui, per muovere una, una sola, delle divine, appaganti giravolte di Valentin, per sentire la leggerezza, l'inquietudine del ritmo, la statura, sotto un cilindro svettante sopra gli altri! Se solo non fossero esistite le ossa...

Non vuole compiangersi, Henri. Non l'ha mai fatto, e adesso non c'è proprio più motivo di farlo. Capisce ora che per tutta la vita ha cercato di rappresentare una cosa soltanto: l'intollerabile dolcezza della maledizione. "Segnati da Dio" chiamano quelli come lui. Maledizione non come credono gli imbecilli, che pensano ai *Fiori del male* di Baudelaire, e ammirano – come turisti – le sbornie consolatorie al Cabaret des Assassins, e magari immaginano l'afrore delle ascelle nei camerini del Moulin Rouge, o le ammucchiate nel bordello di rue Joubert. Macché. A quella dissipazione Henri si è abbandonato per racimolare il pugno di felicità che la vita può concedere, e fare, da "ranocchio deforme" (l'ha sentito lui, uno tanto nobile da dire così), quello che facevano gli altri. No. Adesso Henri pensa proprio alla maledizione originaria della carne, dei muscoli e, propriamente parlando, nel suo caso, delle ossa.

Era un bambino aristocratico. E chi gliel'ha fatto fare, alla natura, di fratturargli prima una gamba, poi l'altra, fino a tramutarlo in un mostriciattolo intrufolato fra le ballerine di *cancan*? Chi gliel'ha fatto fare, al destino, di beffarlo nel modo più atroce? Tutto ha amato, e tutto, garbatamente, avrebbe voluto. Ma tutto gli è stato precluso. Non vuole compiangersi, Henri. Ma le cose stanno esattamente, semplicemente, sordamente così: la sua sorte è stata quella di essere votato a ciò che non poteva raggiungere. La sua vita una perpetua notte di Natale, trascorsa a sbirciare dalla finestra i banchetti dei signori della vita. Fra poco – forse – saprà il perché. Ma in fondo se ne infischia. Quella cosa là, la sua vita, è andata così, e non c'è mai stato, né ci sarà mai, modo di recuperare.

Altro che Degas, cui volevano paragonarlo, per il gusto sadico di vederlo competitore e sconfitto! Quello è un parigino duro, amaro, cinico, indagatore e scostante. La vita lo affascina ma non gli piace. Non la ama, proprio perché non c'è un solo giorno in cui non gli basti allungare una mano per coglierne i frutti più prelibati. Lui, Toulouse, era tenero e certamente indifeso. Adesso capisce: era probabilmente figlio del diavolo, ma non è mai riuscito a essere diabolico. Vo-

Studio per "Elles": Donna sulla schiena - Stanchezza

Studio di nudo

leva essere amato, in un mondo che non amava se non la volgarità, e certo non se la sentiva di provare trasporto per la deformità e la desolazione. Per questo si è battuto a duello per Van Gogh. Perché quello era ancora più indifeso di lui!

Calma, però. Adesso bisogna affrontare l'ultimo e decisivo punto. In vista dei giorni che si alzeranno, i giorni nei quali lui non ci sarà più, bisogna pensare alla diversa consistenza, e durata nel tempo, della carne e delle ossa. Le maledettissime ossa che si rompono, e non crescono, anzi crescono per tutti meno che per uno, che è, o è stato, lui, Henri, allegro contino di una provincia meridionale... Le ossa, in grazia di qualche legge chimica per lui incomprensibile e per lui maledetta, durano più della carne.

La carne qualche gioia gliel'ha data, gli ha regalato anzi le uniche gioie concesse alla sua vita. Voglia di vivere e voglia di morire... La carne è stata voglia di vivere. A partire dal giorno in cui, cucciolo diciannovenne escluso per sempre (per sempre!) dai giochi della vita, pregò una coetanea di denudarsi per lui, le accarezzò con gli occhi le calze calate al ginocchio, risalì verso la giarrettiera, nera, rimasta a metà coscia sulla pelle chiara appena incupita, un po' sopra, dal batuffolo centro di ogni sua attenzione; nell'istante in cui, attraverso l'incavo di un gomito, occhieggiava una ciliegia rossiccia in forma di capezzolo. Il ricordo è come una fitta, per Henri, adesso. Ebbe la voce impastata quando timidamente chiese di mangiarla, quella ciliegia. E lei accettò. E quella, per Henri, fu la prima conferma della bontà, della fraternità della carne.

Poi, da Parigi, dalla Parigi che ha abbandonato infinito tempo fa, arriva il ricordo del giorno in cui, sempre cucciolo, ma trentenne, chiese a Nadine, una prostituta con cui faceva l'amore, in quel tempo, tutti

Studio per "Donna che si infila una calza"

Donna che si infila una calza

i giorni, e più volte al giorno, chiese a Nadine di posare per due volte mentre si infilava una calza. Il primo abbozzo fu casto, perché "il corpo femminile è troppo incantevole per farci l'amore; per far l'amore basta una cosa qualsiasi... una cosa qualsiasi è sufficiente", come annotò subito dopo la seduta. Ma il secondo schizzo no. Il secondo ebbe corpo e furia, pieghe al bacino, e il triangolo protervo, spettinato da una seduzione selvaggia, popolare e parigina. Bastò spostare il braccio della modella, per svelare il mistero che – allora – teneva in vita ancora per un po', malgrado le fratture, e le infamie di un mondo che ogni volta tornava a essere, invariabilmente, il cesso che era stato prima.

Questo la carne può dare e gli ha dato. E questo provoca la fitta più atroce di tutte. La sua carne sparirà in pochi giorni, e resteranno le ossa – uno scheletrino deforme –, che durano, maledette, durano moltissimo.

Poco prima di andarsene, Henri de Toulouse-Lautrec invoca le forze della natura e ogni possibile divinità, perché facciano sparire in fretta le tracce superstiti dello scandalo e della vergogna. Non vuole altro; e, come sempre, non avrà nemmeno quello.

Tancredi

(1927-1964)

Tancredi inseguì per tutta la vita il punto di separazione fra la forma e l'informe, e lo trovò nelle acque serali del Tevere, il 27 settembre 1964, poco prima di annegare. Ci si uccide, d'altronde, proprio per scoprire la verità.

In quella Roma di fine estate e di *boom*, vagò per venti giorni, oppresso di stupore e di estraneità. La cappa gli pesava sulle spalle come un velo di mestizia, o di impossibilità di godere; la cappa dell'angoscia. Alle tre del pomeriggio, oltre ponte Garibaldi, il mondo pareva assopirsi, gemendo. Gli impiegati erano ormai a casa, e sarebbero passate un paio d'ore prima che si rimettessero in viaggio. Sotto il soffio leggero del vento le foglie dei platani scintillavano, e prendevano un curioso colore argento, con luci accecanti e sinistre. Era leggero, infatti, quel vento; portava stasi, pennichelle, giornali in poltrona, l'alito pacifico, distratto del Nulla.

Il fiume andava, fra le canne e l'erba sciacquettava sulle rive. Faceva come fanno i fiumi, a Feltre e a Parigi, ma questa non era né Feltre né Parigi, questa era Roma. Fra le macchine rarefatte, Tancredi oltrepassava il Lungotevere, e si fermava nel bar grande e, a quell'ora, quasi sempre deserto. Lì, la cappa appariva concentrata. Parole inutili, silenzi inutili; il distanziato, inutile ronzio di Roma che digerisce.

Ci sono posti, al mondo, dove la cappa si concentra. Un altro era il cinema d'essai, giù, a Trastevere. Prima, Tancredi andava a cena in una trattoria abruzzese in San Francesco a Ripa, e qui la vita era lenta, ma estasiata, come se avesse senso. Rape. Capelli unti. Ma anche dialogo. Quella strana, popolare, forse superflua cosa che è il dialogo. Il contrario di ciò che accadeva nel cinema d'essai, dove, alle dieci di sera, arrivava tutta la cricca degli intellettuali romani. Lì il problema non era tanto il visibile, ciò che si vedeva, perché quello – pantaloni stretti, primi capelli lunghi – assomigliava alle mitologie di Parigi, di New York e di tutte le grandi città del mondo. Il problema erano le certezze (roba moderna, fiducia moderna), miscelate con una volontà di disincanto che ambiva venire da distanze lontanissime. E non era vero che ci fosse distacco mentale. Non era vero, perché adesso, per esempio, dopo la Biennale di giugno, si doveva per forza inchinarsi agli americani, alla Pop Art (che volgarità anche in queste due sole parole!), era doveroso dire tutti le stesse cose. Ma come faceva a dire le stesse cose lui, che aveva dedicato la vita al contrario?

E le fichette. Le fichette con le gonne corte. Ancora fino a sei mesi prima, quando lo presentavano, dal fondo degli occhi emanavano un palpito, un lampo. Perché lui era Tancredi. Adesso la luce non c'era più. E non c'era più dopo la Biennale della Pop Art e degli americani. Senonché lui conosceva fin troppo bene e la vagina e gli americani. La discesa era anzi cominciata con una, anzi con due vagine americane... Che ne sapevano, le fichette vestali della Pop Art! Era possibile che, a trentasette anni, la china discendente fosse cominciata da un tempo pareva infinito, e che lui fosse già in fondo al buco?

A metà delle notti di settembre, in piazza Euclide si fermavano vociando le *spider* con la radio alta e con i Beatles; la giungla, nell'inebriante aria di settembre, celebrava i propri riti. All'alba, il cielo dell'aeroporto di Fiumicino si tingeva di azzurro e di rosa, e in verità a lui pareva di capirli ancora i colori... Ma gli aerei avanzavano quatti, caracollando, e portavano proprio il profumo dell'America, dove sanno sempre benissimo che cosa è giusto fare, l'America a causa dei cui cromosomi lui era un morto in piedi. Portavano anche l'odore marcio di Venezia, gli aerei, e quella palude era il primo posto in cui era sprofondato. A Venezia, nella putrefazione e nella Bellezza, si fa l'amore, bella novità! Gli americani vanno a Venezia per fare l'amore, ma poi non lo sopportano che a Venezia si faccia l'amore, devono stabilire comunque loro come e con chi... Niente è peggio dell'incrocio americani-Venezia.

Verso le sette di mattina si poteva dormire un po', perché le ombre blu sul grande incastro degli ocra e dei verdi offrivano distanza e nobiltà. Ma era la luce di mezzogiorno ad apparire insopportabile. L'Eur si apriva davanti alla finestra come una distesa bianca e grigiastra, troppo cielo, troppe nuvole, troppa luce, una luce che, a differenza di quanto accadeva giù, sul Tevere, era sopraffatta da una strana opacità. E anche il chiesone sulla collina, scatola di cenere, era cosa da vedere sulla strada dell'aeroporto, non da viverci accanto. La capiva, Tancredi, l'assurdità... Se c'era uno sradicato era lui. Feltre, montagne, Venezia, feste e vita regale, New York, ma poi Milano, la Milano del Lorenteggio, e adesso il Tevere. L'assurdità deve essere assoluta: deve far sentire la pura, nuda, cruda sospensione fra terra e cielo: nient'altro. Qui c'era un che di consuetudinario e di inspiegabilmente opprimente. C'era angoscia. La parola era sempre quella.

Di giorno si fermava sul laghetto dell'Eur, e l'acqua, anche in quel posto sospeso e senza senso, è sempre attraente. Tancredi guardava le piccole onde, flebili e sminuzzate come nei suoi quadri di una volta. Ma di notte… Quando l'autobus si fermava, cominciava l'ululato del Niente. Cielo basso. Troppe stelle, troppo basse. Fruscio del vento. Un televisore lontano. Rumore di tacchi sull'asfalto. Luci impassibili. Niente. Il rimbombo del Nulla.

Composizione

Barattolo con matite

Se non avesse perso la Grazia, nelle mattine avrebbe potuto dipingere. Sciabordio di colori; ventate di gioia, o di incubi, sovrapposte. Ma l'aveva persa, la Grazia, infinito tempo prima. Insensatamente, com'era venuta, se n'era andata. E allora si trattava solo di scendere dal letto, di trascinarsi alla tapparella, di vedere bianco-grigiastro, di sentire l'eternità persa, e sopraffatta da un mondo impiegatizio. Soprattutto di fare i conti con loro: il ronzio del Nulla (di mattina diventava infatti un ronzio); e le cose. Le cose sempre al loro posto, minacciose, irraggiungibili, reticenti, ordinate come in un sarcofago. Le cose che sopravvivono a tutto. Il ferro, il legno, la plastica, che durano infinitamente più della carne. Perché hanno il pregio e il vantaggio di stare. Stavano lì. Se ne fregavano.

Nell'ultima settimana, Tancredi decise di batterle. Non come gli americani della Pop Art, che le corteggiavano, o addirittura, per quel po' che potevano, le santificavano. Ma rubando loro l'anima. Prese un nuovo album da disegno, Tancredi, e guardò il barattolo con le matite. Chiese: «Ce l'hai un'anima?». Non ebbe risposta. Allora lo avvolse di ombre, per sedurlo, ne accarezzò la forma come il volto di un fratello. Fu paziente, insinuante e rispettoso. Ma il barattolo non rispose.

Così Tancredi pensò che l'ultima possibilità era battere la cosa per eccellenza, quella di cui era certo che avesse un'anima: la sua faccia. Si mise sempre e soltanto di tre quarti, davanti allo specchio, mentre fronteggiava il cavalletto. La matita non poté che restituire la mummia, il cadavere; il teschio con occhi fermi e stupefatti. La matita vide infinite volte un placido teschio. E tentò, quel teschio, di ricordare quando era coperto di carne, quando piaceva alle americane, quando con uno sguardo rapiva il mondo. Adesso la faccia era placida e insensata.

Autoritratto

Autoritratto

Grazie

Il 25 settembre Tancredi Parmeggiani compì trentasette anni. Ma, a quel punto, Tancredi Parmeggiani già non c'era più. Lo specchio non mentiva.

Uscendo di casa, il 27 settembre 1964, Tancredi lasciò un biglietto che diceva soltanto "Grazie". Capì di aver scalato la piramide quasi interamente, ma seppe anche che l'ultimo gradino aveva altezza del tutto imprevedibile: poteva essere altissimo o insignificante. Si mise in cammino alle quattro del pomeriggio, e la luce era talmente scintillante e limpida da sembrare di ghiaccio.

La salita e la discesa. Era stato tutto rapidissimo per lui. Intanto, "sradicato": si fa presto a dire, o a pensare di se stessi che si è sradicati. Le radici, lui, le aveva perse prima di rendersi conto di averle. Era ancora un ragazzino, e i genitori non li aveva più. Volontà del destino o di chissà chi: il progetto cominciava a realizzarsi. E allora, dopo Feltre, il collegio dei Salesiani a Belluno. Montagne. Sempre montagne. Falsità. Ribellioni.

Giù, a Venezia, la palude dei desideri. Ma a vent'anni si desidera semplicemente, e si crede che ci si penserà dopo. Nel '50 il primo anno a Roma, diversa e meglio, molto meglio di quello che era adesso. Quella camminata giù dal Gianicolo la faceva anche allora, ma non sentiva questo strano odore di benzina, e di avidità, e di fame, fame di infinite cose, tutte miserabili.

Poi il grande nodo, a Venezia: Peggy Guggenheim. È curioso come nella vita ci siano dei buchi neri, densità di materia che risucchia, densità di infinita attrazione gravitazionale. Quando uno capisce che si tratta di buchi neri, è troppo tardi, perché si sta già precipitando nel nero. Così aveva fatto l'americana, dal primo istante: l'aveva risucchiato. Prima il sesso, poi il resto del corpo, infine l'anima. Tanto era buco nero, l'americana, che per mesi lui neanche si era accorto che aveva più del doppio dei suoi anni. Lui buttava energia nel buco, e lei pompava. Lui non doveva chiedere altro che mettere energia nel buco. Era un mondo fatto di atti simbolici. Il più avvilente era naturalmente quello di lasciarlo senza una lira in tasca. Eppure lui i quadri li dava, eccome. "Sei roba mia. E il valore di quello che fai, è semplicemente una mia fantasia: io deciderò se è oro o se è merda": questo il messaggio.

Precipitando nel buco nero, a velocità vertiginosa, si era trovato a fianco un'animella e una vulvetta attraente. Pegeen, la figlia dell'americana. Cosa doveva fare? Aveva accarezzato l'animella ed era entrato nella vulvetta. Si ha bisogno di compagnia, mentre si precipita. Ma erano proprio solo quello, lui e Pegeen: due morituri, due mucchietti di niente in caduta verso l'antimateria. L'americana, il buco nero, aveva sciolto la figlia in un liquido amniotico fatto di acido muriatico. E quanto a lui, l'aveva ingoiato come un'oliva, aveva diligentemente ripulito il nocciolo, e l'aveva risputato negli spazi governati da infinite e ignote gravità.

Con la presunzione dei ragazzi, lui aveva supposto di orientarsi. Ma si era perso. Anche perché, ogni volta che stava per scoprire un nuovo sole, il fantasma del buco nero, o suoi emissari, arrivavano come sicari per rispedirlo dove non c'erano protezione o punti cardinali. *Outlaw*: gli americani dicono così, fuorilegge. Lui era un fuorilegge, e, secondo il governo degli spazi, nessuna norma lo proteggeva più. Chiunque poteva ucciderlo, o torturarlo, o amputarlo, in qualunque momento. Per la legge degli spazi, sarebbe stata cosa comunque lecita e auspicabile.

Alle sei del pomeriggio del 27 settembre, Tancredi si fermò in un bar vicino a Santa Maria in Trastevere. Ci era già andato in passato con l'americana. È incredibile come sia minima la differenza fra una porta che si apre e una che si chiude. Con lei, Tancredi era il re, il principe. Si riceveva a Ca' Venier, a New York, a Parigi, anche qui, a Roma. Dopo di lei, i passaggi avevano cominciato a chiudersi come porte metalliche in un labirinto. A tre metri, il pertugio sembrava aperto, a Colonia o a Torino; a mezzo metro, l'ingranaggio, guidato da una misteriosa intelligenza, scattava, si chiudeva, punto e basta. E si fa presto anche a parlare di "Grazia". La Grazia, nel labirinto, non ci sta. Inutile farsi illusioni.

Anni da fuorilegge. Nel '56, dodici mesi dopo essere stato risputato, forse per reazione, aveva ancora un po' di energia. Le ricordò bene – seduto vicino a Santa Maria in Trastevere – le parole che aveva scritto allora: "Ritengo che la pittura sia appena nata. Condanno i modi tristi di morire di molti pittori di questo secolo. Credo in un futuro fatto di equilibrio...".

Ma quale equilibrio! Era arrivata la miseria: la miseria. Dopo la regalità. La miseria a Parigi, quando è freddo e non si può entrare in un *bistrot*. La miseria a Milano, al Lorenteggio, dove anche i ladri mangiavano panini giocando a bigliardo. Fu lì che cominciò a raccontare le storie di una volta, quelle di Feltre. La miseria in manicomio, dove il tempo della contemplazione è sempre troppo lungo. E un po' alla volta, via tutto, la norvegese sposata per illusione di compagnia, e quelli che, come piccole pompe derivate, succhiavano energia da lui, che non ne aveva neanche per se stesso.

Poi gli ultimi rimpalli, come la pallina del flipper sui respingenti. A Venezia con la sorella (ultima annusata alla laguna, con l'addio), mentre fuori strisciava la merda viscida. Poi la presa in giro della Biennale, con tre quadretti, e con il mondo sempre più occupato dagli americani. Poi la Norvegia, con la luna di amianto, e quel bambino appena nato, che non meritava la sciagura di essere suo figlio.

Al crepuscolo, Tancredi fu sul ponte. Roma era un po' più rumorosa, e incredibilmente oppressa da una luce che però, in minima parte, stava già spegnendosi. Tancredi capì che lo scalino era lì. Imboccato il marciapiede, riassunse, in brevissimo tempo, tutte le possibilità. Il colpo di pistola produce sangue, e poi lui non aveva una pistola. Al fatto che morire impiccati sia un attimo (secondo alcuni stupendo), lui non credeva. Con i barbiturici non si sa mai, può non funzionare, e in ogni caso pare che si soffra.

A metà del ponte pensò che, morendo, si dovrà godere un po', si dovrà sapere che la trappola è scongiurata. Pensò a quando faceva il bagno in laguna, il trucco era buttarsi senza pensarci troppo, un attimo dopo tutto era già bellissimo.

Sedette sulla balaustra, alzò una gamba, poi l'altra, e si lasciò cadere di spalle. Nel cielo azzurro e grigio volarono rondini alonate d'ombra. Poi fu acqua sporca. Luce marrone. Luce.

Gnoli

(1933-1970)

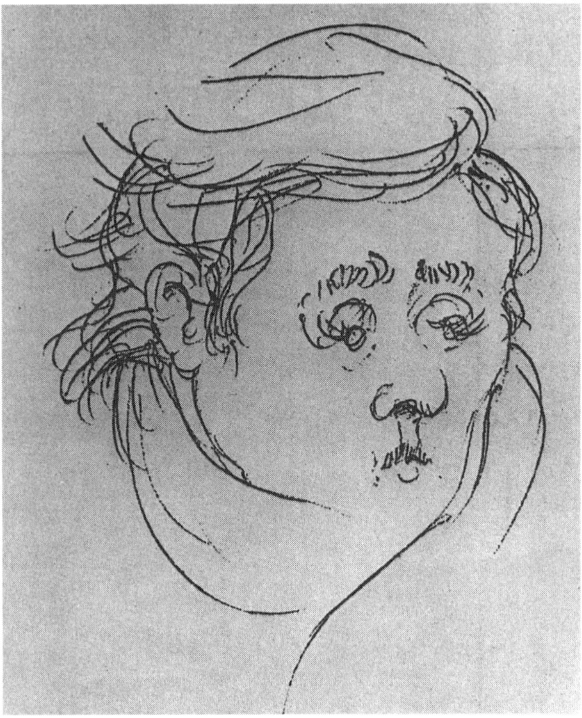

Autoritratto

Un amico pittore aveva detto che lui, Domenico Gnoli, sembrava di profilo anche quando era di fronte. Balle! Il Nulla, quello sì, avanzava di profilo. L'aveva cercato per tutta la vita, il giovane dandy; ne aveva fatto un obiettivo, un traguardo, il mito che sostanzia una vita. E il Nulla era comparso, all'improvviso, nel caldo soffocante, odoroso di medicine, di una clinica assediata dal gelo di New York. Un po' di malessere; analisi; la faccia del medico. È curioso come la faccia di un medico emetta la sentenza, quasi sempre inattesa, in una frazione di secondo, come la faccia di un professore, al liceo, emette in un istante la certezza del successo o dell'insuccesso di un compito in classe. Il resto, l'agonia, è solo evoluzione dei fenomeni, putrefazione della carne. La legge,

Domenico Gnoli nel 1960 circa

il bene o il male, la felicità o il dolore, sono già scritti in quell'attimo sperduto nel tempo, e lì, nella faccia del medico.

Fu lontano e vicino, il Nulla, in quella mattina d'inverno. In termini umani, diciamo che comparve a circa cinquanta metri di distanza. Poi cominciò a muoversi, con passo lentissimo e implacabile. Il passo era quello del gambero, perché il Nulla stava sempre di profilo. Arrivato all'altezza di Gnoli terrorizzato, diciamo a due metri di distanza, era parso sornione, e aveva deviato. Con passo sbilenco e laterale, gli aveva fatto un giro intorno. Poi un secondo. Poi un terzo. E adesso, 16 aprile 1970, gli stava alle spalle. Gnoli ne percepiva il respiro e la stazza. Ma non riusciva a prevedere le sue mosse. Le ascelle, sì, le ascelle sentivano che da un minuto all'altro un'ombra muscolosa si sarebbe infilata sotto di loro, e lì sarebbe finita la gravità, lì sarebbe cominciato il volo.

Nevicò fino a Pasqua, a New York, in quell'inverno del 1970. Ma poi la primavera scoppiò all'improvviso, e fu bellissima. Dalla finestra dell'ospedale, Gnoli vide un immenso glicine disordinato e viola, alberi incastrati nella scacchiera cubista di pietra marrone, e là, in fondo, le luci del fiume, con i riflessi schiariti del tramonto. La parola "bellissima", in verità, Gnoli si rifiutò di pronunciarla. L'aveva deliberatamente esclusa dal vocabolario e dalla mente per troppi anni. "Il mondo è così e solo così" pensava Gnoli, alla ricerca del Nulla; "e quel *così*, anonimo, impassibile, perfino banale, è restituito soprattutto da ciò che si vede."

Così, mentre New York, di ora in ora, diventava seducente da mozzare il fiato e rapire il cuore, lui fece di tutto per pensare che le cellule che si moltiplicavano sugli alberi, e creavano quel sipario di bellezza, obbedivano alle stesse leggi delle cellule che si moltiplicavano dentro di lui, e lo uccidevano. Ci riuscì pochissimo. Perché la meraviglia, lo splendore, lo toccavano in un punto dal quale non sapeva difendersi. Un punto lontano nel suo essere, la messa in moto dello stupore, l'origine dell'incanto, quella cosa per cui ci si può anche mettere a piangere, e lui si era sempre negato anche di piangere. Credendo nel Nulla, cercando il Nulla, si era affidato alla bellezza artificiale, all'eleganza, alla grazia. Ma quella primavera bellissima toccava un punto assai lontano dai lenocini umani. L'armonia con cui accarezzava lo spazio il rosso di un faggio aveva ben poco da dividere col rosso di una cravatta. Qui, ed ora, doveva ammettere che quello dell'albero era l'ordine, l'ordine essudante e sublime delle cose. Quello era l'Essere, la terrificante bellezza anarchica dell'Essere. Lui, Domenico Gnoli, non ci sarebbe stato più, e quella cosa ci sarebbe stata per sempre. Dopotutto, non contava molto che la belva d'ombra alle sue spalle stesse per afferrarlo sotto le ascelle.

E allora Domenico Gnoli ripercorse le tappe del suo cammino verso il Nulla. Cammino nello spazio, prima di tutto. Quanti avevano capito che lui non aveva fatto altro che correre ai quattro angoli del pianeta per vedere la belva, vederla tutta, rimirarla, guardarla in faccia, e non provare alcun sentimento? Quanti avevano capito che tutto era cominciato fra Roma e Spoleto, nella casa della madre, per sfuggire all'orribile ingorgo dei sentimenti e dei ricatti? Tanta cultura, troppa cultura. Padre storico dell'arte, che gli faceva vedere le immagini del passato; e a lui importava ben poco del passato, perché gli importava la sua vita, e la sua vita era quella di un bambino diviso dalle cose come da una lastra di vetro, ed era giusto così: infatti, di là dal vetro, c'era l'orribile risucchio dei ricatti. Zio poeta, che mostrava le parole:

e a lui le parole apparivano così inutili, così staccate dalle cose... E poi la madre: il grande risucchio e il grande ricatto.

Bisognava difendersi. L'unico modo era quello di usare la lastra; vedere tutto come su uno schermo, o in televisione. I *divini fanciulli*... A New York e a Parigi, anni dopo l'infanzia, lo paragonavano a Chopin. Un po' avevano capito. Ma non si può essere divini fanciulli, perché o si è fanciulli, o non lo si è. O è concesso fanciullescamente di stupirsi, o non lo è. Lui aveva l'obbligo. Il grande risucchio, l'immensa direttrice d'orchestra, la madre, lo faceva costantemente, istante dopo istante, sentire in obbligo. Non si può stupirsi del mondo se si è in obbligo. Ma il risucchio è orribile, la mente è sempre là, a chiedersi cosa pensa lei, cosa vuole lei, come sfuggire a lei, come contrapporsi a lei, come ingannare lei. Non si può vivere di dovere. E lei, la grande, immensa pancia, aveva potere gravitazionale infinito.

Così lui, Domenico, aveva scoperto la lastra di vetro ancora bambino. Ricordava benissimo. Dalla rocca di Spoleto, col vetro, il mondo appariva ordinato, tranquillo e guardabile. Cose. Macchine. Alberi. Bastava mettersi di fronte al mondo, guardare, e chiudere il canale che portava richiami e ricatti. Bastava specializzarsi. E si specializzò, lui, Domenico Gnoli, di professione *veditore*. Si specializzò al punto che quando gli fecero fare la prima mostra, a diciassette anni, all'età in cui i suoi coetanei passavano il tempo in bagno a guardare Playboy, quando tutto era dovere, e il dovere doveva diventare successo, per la gratificazione di *piccoli ego* che non erano lui, in quelle ore di inaugurazione della sua prima mostra, lui guardò, studiò tutto al di là del vetro. Le persone, i riti, i quadri. E anche Roma, di cui negò furibondamente la bellezza, perché Roma doveva essere solo quello, macchine, tramonti, chiese, che passavano sullo schermo dello sguardo. Nulla. Nulla arruffato.

... Il Nulla di Londra, che è la capitale del Nulla, perché fruscia, è ventosa, ma la sua sublimità è quella, l'umanità appare molto lontana. Il rischio era stato grosso, a ventun anni. Un successo enorme all'Old Vic, centro planetario del teatro, centro di Shakespeare, con i grandi tromboni snob e inglesi, Laurence Olivier, John Gielgud; e tutto questo per una scenografia, cioè per il sipario del Nulla. Immenso successo, infiniti corteggiamenti, anche da parte degli inglesi, sovrastati da un'enorme tazza di tè, cui la madre, accorsa per l'inaugurazione, si abbeverava, ed era perfino commovente nell'ingenuità del suo *piccolo ego*.

A lui era importato questo: la scenografia, che era l'immagine perfetta del Nulla, l'immagine che si alza, con chiodi, tele, telai, e subito dopo scompare, nella fogna, la fogna del tempo; e le camminate. Le

Gnoli davanti a un bozzetto di una scena per "As you like it"

lunghe bevute di Nulla proprio intorno al teatro, nella Londra operaia a sud del Tamigi (gli snob dicevano che Londra, cioè l'Inghilterra, cominciava a nord del medesimo), fino al fiume. Case brune, povertà e discrezione del Nulla, abitudini quotidiane che sono l'unica arma per sfuggire all'angoscia del Nulla. Ma che si rivelano, in realtà, la prima, assoluta spia del Nulla.

Poi Londra nelle mattine di domenica, quando il Nulla si rilassa e respira. Respira col fruscio degli alberi, nei giardinetti al centro delle piazze. Solo i cani percepiscono il Nulla perfettamente, lo annusano, lo sentono nell'odore di inchiostro dei giornali non ancora aperti, lo vedono nelle nuvole sfrangiate che danno improvvise ombra e luce, e scoprono il cielo glauco, e corrono velocissime, non verso l'Oceano, ma verso il Nulla.

Londra a nord, il parco di Hampstead, con l'aria dolce e bassa della sparizione imminente; e Highgate, con il cimitero spappolato di erba, e il testone scolpito di Marx, monumento all'illusione e all'impossibile felicità; e Alexandra Palace, mucchio di nulla nel Nulla, ma nobile, elegante, ipocrita come la civiltà, tutte le civiltà. "Il Nulla dello sguardo, da trecento anni, è stato studiato a distanza canonica" pensò Domenico Gnoli il 16 aprile 1970, "ma che cosa succede se ci si avvicina?" Lui si era avvicinato. Forse lui era stato più vicino all'essenza di altri.

... Il Nulla di Maiorca, con il mare increspato e i tramonti di albicocca come quelli di Giorgione.

... Il Nulla del Brasile, che sembra tanto vitale. Non è mai inverno, là, e tutto pullula, nel disteso caldo umidiccio, anche le erbacce intorno al delirio di cemento armato (per lui, forse per lui solo, affascinante) che stavano costruendo, Brasilia, follia sulla terra rossa, follia innaturale già assediata dalle *fave-*

las, cioè dalla vita, cioè dal Nulla. Infatti tutta quella polluzione, quell'infinita spermata di dicotiledoni era il Nulla che si riproduceva, la crescita di qualcosa, la crescita di tutto nell'insensatezza. E poi l'odore di canna da zucchero, di combustibili fatti di canna da zucchero, nelle grandi aree di servizio fra i *jacaranda* sulle strade snodate nella notte opprimente e sudata, nel ronzio degli insetti e nella terra rossa.

E l'immagine del Nulla, il fotogramma che gli era rimasto stampato nella mente durante una passeggiata a Ipanema, alle dieci di sera. L'occhio inebriato di brezza e di luci si era distolto per un attimo dall'Oceano, e aveva captato una finestra illuminata, proprio all'altezza del suo sguardo. Lì, ragazze di forse sedici anni imparavano a ballare il samba. A quella che aveva davanti colavano capelli castani sui seni piccoli ma con capezzoli dritti e turgidi, niente calze, e a un certo punto parve cadere seduta, e in quell'istante lui le vide il bordo del pube di miele, e anche la traccia della fessura, e gli sembrò di sentire il gusto del sudore e del sapone. Quello fu l'eros lancinante, la potenza dell'attrazione, la faccia infinitamente desiderabile del Nulla.

... Il Nulla dell'Oriente, e lui aveva una moglie orientale. Le vampate d'umidità torrida, in Vietnam o a Hong Kong, l'asfissia di aria marcita, un tempio a Taichung, odore d'incenso, profezie di incredibile esattezza, e l'aria di piombo in attesa di un tifone, vecchi seduti con strane malattie intorno alle unghie dei piedi, il sonno e l'agonia di un mercato del pesce, con tanti esseri acquatici che stavano esalando l'ultimo respiro, e il tifone, secchi d'acqua gettati contro le finestre, e, dopo, alberi abbattuti, nebbia, odore di acido fenico nella terra che buttava fuori umidità, ma il caldo era sempre quello, appena più umido e attenuato. L'Oriente è estraneo, perché sembra saperlo che cos'è il Nulla, l'Oriente catafratto e avido, che proprio per questo si rifugia nella concretezza e nel denaro. Non sorride, l'Oriente, ridacchia nel punto più lontano, sornione del suo Essere; o del suo Nulla.

... Il Nulla dell'Australia, non tanto per i ridicoli miti di modernità, ma perché infinitamente lontana da tutto, è Nulla di periferia, periferia di tutto, impossibilità di tutto. Coste di roccia, luce bianca, topi, topacci adorabili che si chiamano canguri. Il contrario di lì, di New York, e della mattina d'inverno con la faccia sentenziosa del medico. Neve sporca, pioggia sporca: Nulla, Nulla, nulla in Australia e nulla a New York.

Tutto l'aveva visto, il mondo; l'aveva visto tutto. Non aveva fatto altro che viaggiare. Non aveva avuto risposte né ricchezze. Ma in verità non aveva neanche fatto domande. Andava bene così. Le cose passavano sullo schermo, nitide, devitalizzate, anestetizzate. Per questo aveva osato il grande salto, nei suoi quadri, dopo il '65. Prima raccontava, caricaturava. Difese. Presunzioni di chi vuol prendere in giro il mondo. Il quale non si fa prendere in giro. Perché è lì. Sta lì. E se ne infischia. Potrebbe fare molto male, se non si fosse in grado di anestetizzarsi. Così lui, Domenico Gnoli, aveva deciso di rappresentare l'anestesia. E c'era perfino riuscito. Una camicia vista da molto vicino, per tener fede alle premesse teoriche: una camicia misura 15 e mezzo. Una testa, con la scriminatura accurata dei capelli. Un letto, un semplice letto ordinato, su fondo verde e con le lenzuola rimboccate. Può far male un letto? Se si è anestetizzati, ci si dorme, lo si guarda; punto e basta.

Lo strattone arrivò qui. Era il pomeriggio del 17 aprile 1970. Le mani dell'ombra si fecero largo sotto le ascelle di Domenico Gnoli, con un colpo secco, quasi violento. Non ci fu il tempo di pensare. La do-

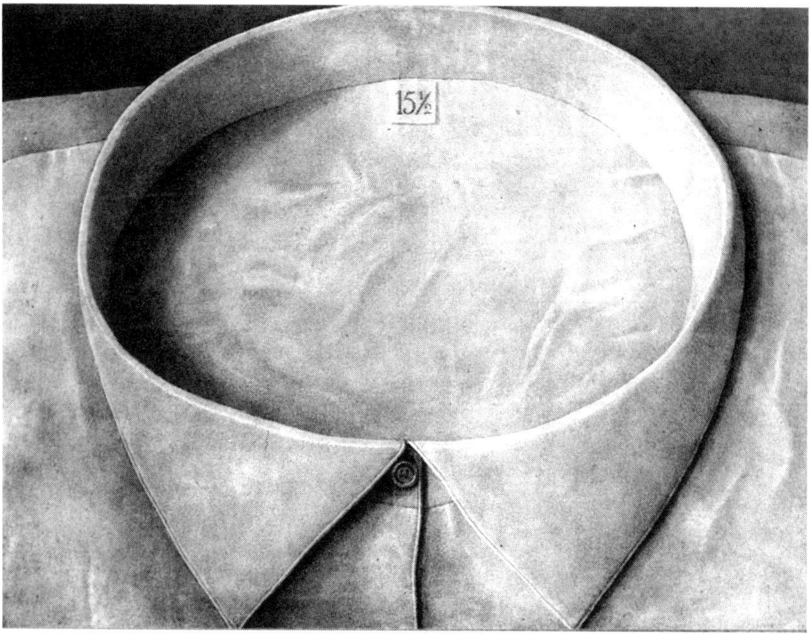

Collo di camicia

manda ululò come una sirena: «Allora?». Dunque l'anestesia era solo preludio del risveglio, l'ultimo risveglio? Dunque la morte per avvelenamento arrivava comunque, e con dolori strazianti, anche se uno aveva tentato di mitridatizzarsi per tutta la vita? Dunque il Nulla è cattivo, feroce, non inebriante e drogato come lui aveva voluto pensare? Dunque la morte, il Nulla, arrivava con dolore anche per chi si era esercitato nel corso di un'intera esistenza? Allora la Morte non era il Nulla...

Ma soprattutto. Era per quell'illusione di anestesia che aveva rinunciato a tutto? Era per quello, che non osava ammettere quanto fosse bella e straziante la primavera americana fuori dalla finestra? Era per quello, che non aveva aspettato la sedicenne di Ipa-

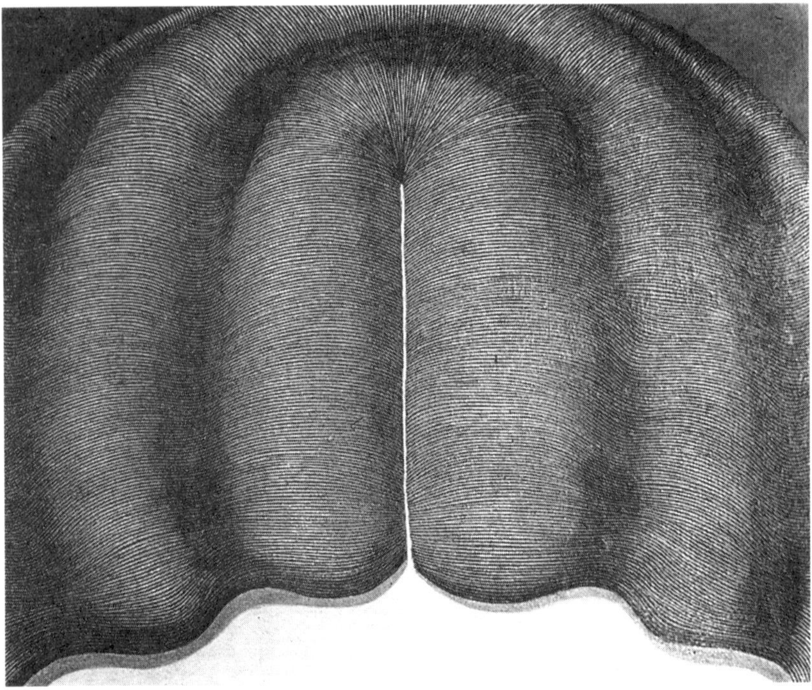

Capigliatura femminile

nema, e non aveva assaggiato il sapore di sudore e di sapone fra i peli di seta di una piccola vagina di carne, il sapore della carne che si apre, la seta dei peli che accarezzano il naso?

Lottò, Domenico Gnoli, perché volle tornare indietro. L'anestesia è inutile, se è seguita da un attimo, anche da un solo attimo d'inferno. Tentò di voltarsi, Gnoli, per guardare in faccia il nemico. Gli fu vietato, perché la presa dell'ombra, dalle ascelle, era risalita al collo. Immobilizzato. Immobilizzato, Gnoli urlò e protestò. Sostenne che le regole dovevano essergli spiegate prima. Delirò che un gioco non vale, se le regole non sono chiare prima di cominciare. Si rifiutò. Rimpianse tutto. Pregò di poter ripartire. Pianse dal

Letto

più profondo del suo essere. Ma la faccia del Nulla, cui si era ricongiunto, non la vide mai. Ormai era nell'ombra; apparteneva all'ombra; e lì, fra quelle braccia di nebbia e d'acciaio, non ci fu né pace né appagamento.

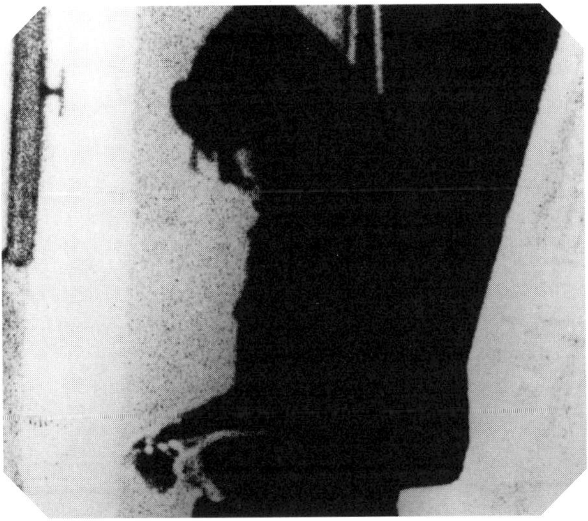

Manai

(1951-1988)

Adesso devo parlare in prima persona.

Abitavo a Bologna, nei primi anni Settanta; ero appena tornato da Roma, dove avevo una borsa di studio, perché Francesco Arcangeli mi aveva chiesto di tornare, e io, ad Arcangeli, non potevo dire di no. Però Bologna la temevo. Era stato bellissimo farci lo studente, e non dormire mai; mai di notte, almeno. Ma adesso sentivo la gabbia dorata, e scelsi, per abitare, l'estrema periferia, l'*everywhere*; il luogo dell'assurdo. Quanto avessi avuto ragione lo capii poi, nel '74, quando mi trasferii in centro, in cima a una meravigliosa scala del Settecento. Lì, tutto era angoscioso e inebriante; ero in una scatola drogata; non potevo sfuggire; tendevo la mano verso il mondo, e venivo risucchiato indietro.

Dalla finestra del condominio rosso e nuovo, verso San Lazzaro, il mondo era invece insensato, trepido e a portata di mano. Stavano costruendo la tangenziale. E io vidi, giorno dopo giorno, la fila ubriaca di luci gialle che sgattaiolavano in direzione di Rimini. Poco più in là, sentivo la presenza rosata di una chiesa antica, vicino a una trattoria fra i pioppi dove mangiavo energica – oggi direi allegra – solitudine con pochi amici. Sentivo odori: il profumo degli spazi dove l'Emilia diventa Romagna, il vento misto a shampoo delle colline dove andavo con le ragazze nelle notti di primavera; e tutto si avvolgeva intorno al mio compleanno, perché compio gli anni in primavera. Sentivo anche un flebile odore di letame e di erba tagliata, perché lì la città si faceva campagna. Non come ai bordi di New York verso il New Jersey, né come nel Kent, dove Londra finisce. In un modo fermo, appetitoso, dolce; solo italiano.

Piero Manai abitava a trecento metri da me, con i genitori, nel primo di quattro parallelepipedi un po' giocattolo un po' galera. Andai a trovarlo nel suo studio (la camera da letto) per la prima volta alla fine del 1971. Aveva vent'anni; io ventisei. Vidi un grande disegno che raffigurava un frigorifero pieno di cibi, e il disegno era stato eseguito, con pazienza e sapienza infinite, usando le matite colorate. Sensuale. Spettrale. Io pensai alla mia prima scatola di pastelli. Pensai: "Infanzia". E pensai: "Crudeltà". Avremmo fatto un pezzo di strada insieme.

Manai parlava con accento bolognese malavitoso. Ed era sardo. Si sentiva la durezza. La lotta per la *leadership*. Si sentivano i lazzi di quartiere, il bullismo, la preveggenza della metropoli. Si sentiva l'*Arancia meccanica*. Infatti, lui non parlava d'altro. Un po' frigoriferi ghiacciati e un po' Beethoven. Uscivamo, nelle sere, per la nostra arancia meccanica.

Postumi di Sessantotto (ma prima del Settantasette, che è stato tutt'altra cosa). Pellicce di scimmia per lui, spolverini stazzonati per me, che dopotutto ero figlio di famiglia. Quella strana città, di estrema avanguardia e di ultima retroguardia: contempora-

Frigorifero

neamente. Minuscoli cinema, con odore di cloro e di femmine, affogati dai casermoni. Ristoranti alle cinque di mattina, perché chiudevano solo un'ora, dalle quattro alle cinque, per le pulizie.

Sale-bigliardo, che stavano trasformandosi in sale-giochi.

Una notte, Manai mi chiese di lasciare le palle bianche e rosse, e di accompagnarlo a un derelitto tavolo da ping-pong. Era un ricordo lontano. Da quel punto decentrato, lo stanzone appariva dilatato e disomogeneo; lo spazio, crudele e nebbioso. I finestroni cominciavano a colorarsi di cobalto, perché spuntava l'alba. Il mito del Bronx era di là da venire. Il Bronx italiano l'abbiamo capito prima noi. Piero mi mostrò la schiacciata dei professionisti. Saettava il braccio senza piegare il tronco, con una fulminea, rapace scoppola sulla parte superiore della pallina. Pensai che aveva classe. Se uno ha classe, lo si vede da come colpisce a tennis, o da come nuota.

I frigoriferi, dopo poco tempo, Piero cominciò a dipingerli a spruzzo, con il colore acrilico. Erano bellissimi. Ma, un anno dopo, mi disse di avere un tumore alla milza, dovuto all'uso di colori acrilici. La nemesi è fanciulla attentissima.

Il ragazzo meccanico, senza capelli per il cobalto, non parlava più. Cominciò a rappresentare dei grandi carboncini frantumati, che eseguiva con la tecnica

Carboncino rotto

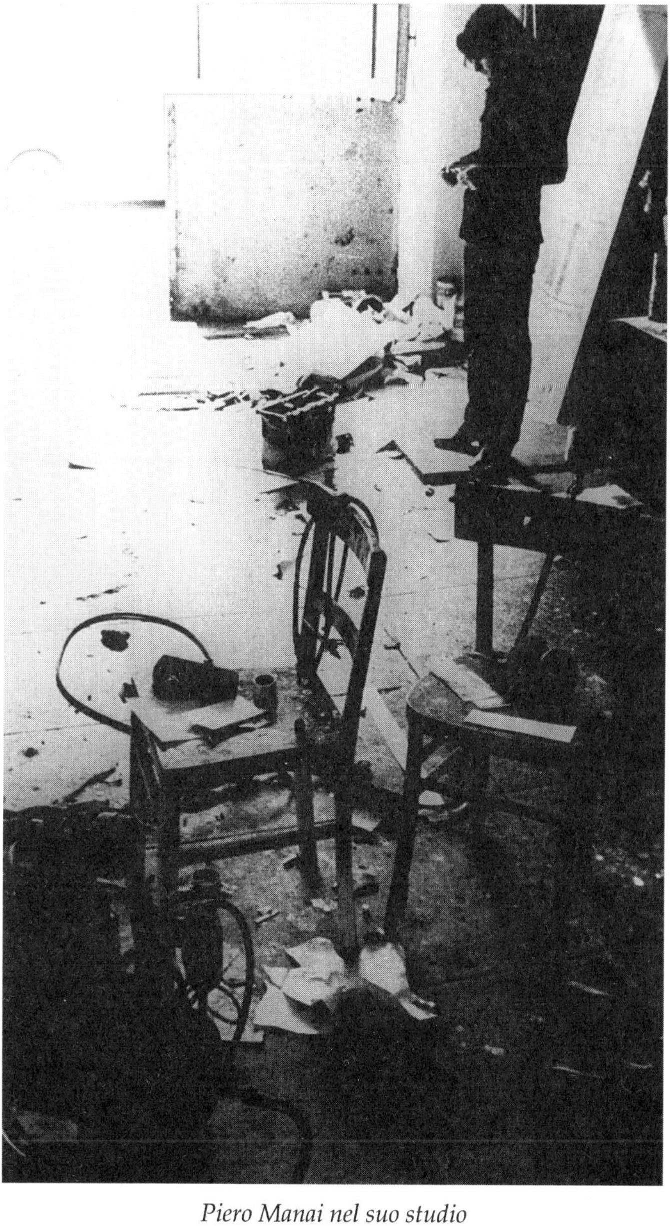

Piero Manai nel suo studio

del carboncino: metafora della vita e metafora della pittura. Mi trasferii a Milano e lo vidi pochissimo. Lui stava meglio, tant'è vero che non glielo chiedevo, come stava, perché doveva stare bene.

Un giorno, all'inizio dell'85, mi venne a trovare di ritorno dagli Stati Uniti. Faceva freddissimo, e lui aveva scarponi da sciatore. Lo invitai a partecipare alla mostra "Anniottanta", che stavo curando, e portò dei testoni spettrali, descrizione devastata, reticente, taciturna, delle forme quando cominciano a sfaldarsi. Guardammo la sala insieme, mentre facevano le pulizie per l'inaugurazione; e non parlò.

Nell'autunno dell'88, lo incontrai per caso in una galleria. Mi passò accanto e, con accento bolognese malavitoso, mi disse: «Sto male». Lo guardai negli occhi. Mi guardò negli occhi. Verso le sette di una sera di dicembre, qualcuno mi telefonò, informandomi che era morto. Andai a cena, da solo, in una trattoria di Lambrate. La vita mi parve dolcissima e pesantissima. Uscendo nella pioggia, fui folgorato da un sospetto. Appena arrivato a casa, mi precipitai sulle note biografiche del catalogo *Anniottanta*: Piero aveva appena compiuto trentasette anni.

Io non so se sia giusto chiudere questo libro con Piero Manai dopo Raffaello. Non so quasi nulla, in verità, se non che questo ricordo, al guascone meccanico degli anni Settanta, lo devo. Perché era un artista con troppe cose da dire, situazione tanto gradita ad alcune potenze celesti da permettere di dire pochissimo. Perché lui – lui sì – ha saputo che cos'è la tragedia. Perché conosco le luci e gli odori degli ospedali di Bologna. Perché aveva intuito che, comunque, è meglio tacere. Perché mi ha mostrato la schiacciata a ping-pong, in una tenera, terribile notte della città in cui siamo sprofondati insieme.

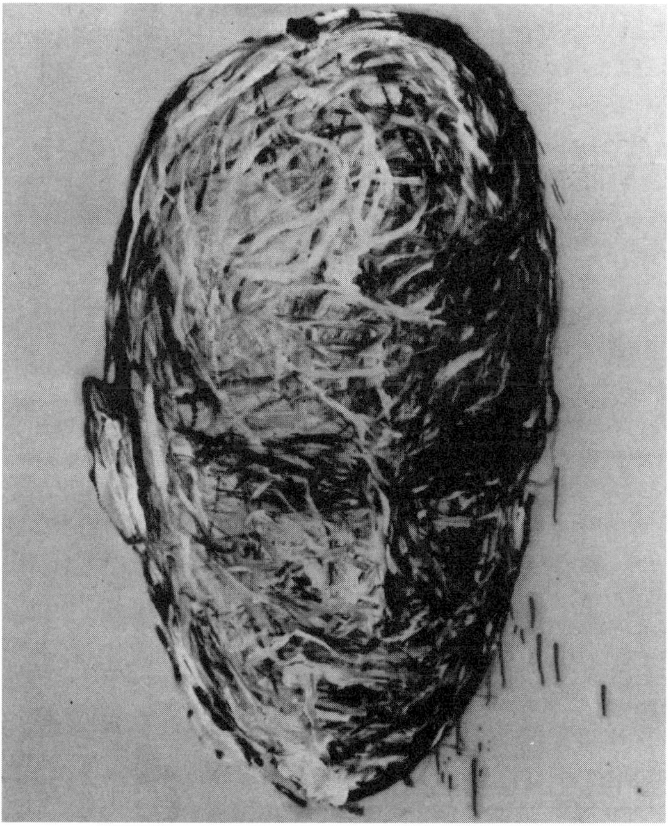

Testa

Conclusione affidata a Vladimir *Majakovskij*

(1893-1930)

È una bella mattina dell'aprile 1930, e io fra poco dovrei compiere i trentasette anni che non compirò mai. Ho letto di grandi pittori morti a questa età. Ci deve essere una magia, che va capita come attraverso un cammino iniziatico. Dico solo che tutto mi è stato chiaro una settimana fa, quando una madama con cui ho avuto una storia in passato, incontrandomi a una riunione di artisti, mi ha detto, con malvagia tenerezza, che ho già i capelli grigi sulle orecchie. Ha sentito il buco; la forza che scivola via, e ormai non c'è più. L'energia è un equilibrio. Un punto misterioso, una decisione, una voglia, fra ciò che si è stati e ciò che si sarà. Quando non è più chiaro ciò che si sarà, o si vuole essere, l'equilibrio è rotto, e la forza scorre giù; defluisce. Io sono qui, a questo punto, non c'è più niente da fare, e ne ho le prove.

A me poi non interessano tanto i pittori, di cui so troppo poco, quanto due poeti e due musicisti; e non

Arthur Rimbaud

affronto nemmeno il caso di Robert Burns, altro caduto sulla linea dei trentasette anni, artista che sospetto grandissimo, ma in cui non riesco ad entrare, per il maledetto, intraducibile, dialetto scozzese che ha usato per i suoi versi.

Il primo dei poeti è naturalmente Rimbaud. A vent'anni smette di scrivere, lui, lo scrittore più dotato del mondo. Va in Africa – dice per campare – a vendere armi. E non nell'Africa delle città. No. Sui monti, nei deserti. Lui e quattro indigeni. Vuol fare soldi ma questo non importa. A un certo punto, in un istante, a trentasette anni, la falce. Male al ginocchio sinistro, male da cani. Ma Rimbaud è ingenuo, non la vuol vedere la Signora di tutte le rivoluzioni. Lui crede nella vita, e crede che vivrà per sempre. Male a una gamba, ho detto. Giusta nemesi! Infatti era uno che partiva da casa, nel nord della Francia, e camminava fino a Brindisi: c'è una lettera, meravigliosa, in cui racconta il passo del Gottardo, a piedi, d'inverno, con la neve fino al collo. O andava a piedi in Germania; o in Svizzera. Giusta nemesi! Proprio lì doveva essere colpito!

C'è tutto scritto nelle lettere alla grande meretrice, sua madre. Il 7 aprile 1891 parte da Harar, sui monti, verso Zeliath. "Ho preso in affitto sedici portatori negri per 15 talleri l'uno... Ho fatto costruire una barella coperta di tela; e là sopra ho percorso in dodici giorni i 300 chilometri di deserto che separano i monti dell'Harar dal porto di Zeliath. Inutile dirvi le sofferenze orribili che ho dovuto subire lungo tutta la strada. Non mi è stato possibile fare un passo fuori dalla barella; il ginocchio si gonfiava a vista, e il dolore non faceva che aumentare."

Hai un cancro, Arthur, bambino mio, e pensi ancora che sia una sinovite! Stai per morire, cucciolo divino, gattino indifeso, e ti fidi ancora di quella puttana!

Si imbarca per Aden, dove è ricoverato all'ospedale europeo, e per la prima volta i medici parlano di amputare la gamba.

"Sono steso con la gamba bendata, legata, rilegata, incatenata, in modo che non posso neanche muovermi. Sono diventato scheletrico, da far paura. La mia schiena è piena di scorticature da decubito; non dormo neanche un minuto." Il 20 aprile si fa imbarcare per Marsiglia. "Dopo terribili sofferenze, non potendo farmi curare ad Aden, ho preso il piroscafo delle Messaggerie e sono giunto in Francia. Sono arrivato ieri dopo tredici giorni di dolori." La lettera è del 21 maggio.

Il giorno dopo, 22 maggio, il primo terribile strattone alla lenza. Telegramma alla puttana: "Quest'oggi, tu e Isabelle venite a Marsiglia con treno espresso. Lunedì mattina mi amputano la gamba. Pericolo di morte. Affari seri da regolare. Arthur. Ospedale della Concezione. Rispondete. Rimbaud". È cominciata l'agonia, sublime poeta, e tu devi ricorrere agli "affari importanti", perché, altrimenti, temi che la puttana non verrebbe!

Il 27 maggio la gamba viene amputata (datele a me, a me datele le ossa di Rimbaud, perché io possa stringerle sul cuore, prima di chiudere la farsa!). Il 23 giugno scrive alla sorella, che intanto se n'è andata (e tuttavia, dopo tutto, è l'unica persona decente in tutta la tragedia): "Quanto a me, non faccio altro che piangere notte e giorno, sono un uomo finito, sarò uno storpio per tutta la vita. Fra un paio di settimane sarò guarito, credo; ma potrò camminare soltanto con le stampelle. Per la gamba artificiale il dottore dice che si dovrà attendere molto tempo, almeno sei mesi!... Insomma, la nostra vita è miseria, miseria senza fine. Perché dunque esistiamo?". Non guarirai, bambino mio, è un'altra illusione. La vita non dà mai più dolore di quello che si sia in grado di sopportare.

Resta in ospedale fino al 23 luglio. "Di tanto in tanto mi alzo per saltellare un centinaio di piccoli passi sulle stampelle, poi torno a sedermi... La disperazione ti riprende e rimani seduto come un perfetto impotente, piagnucolando e aspettando la notte, che porterà la perpetua insonnia, e il mattino, più triste ancora del giorno che l'ha preceduto."

Cosa merita chi lascia solo Arthur Rimbaud ampu-

Arthur Rimbaud pochi giorni prima della sua morte in un disegno della sorella Isabelle

tato di una gamba? Il 23 luglio lascia l'ospedale, per la casa materna, la tana stregata e coi denti che ha cominciato a ucciderlo molto tempo prima. "Dunque uscirò di qui tra due o tre giorni, e mi trascinerò a voi come potrò." Non c'è nessuno che aiuti Arthur a salire sul treno, o a fare pipì! Il 23 agosto, in condizioni disperate, torna all'ospedale di Marsiglia, accompagnato da Isabelle, che gli resta vicino fino alla morte. La puttana non si scomoda.

Il 4 ottobre, Isabelle scrive sul suo diario: "Allora si mette a raccontare cose inverosimili che s'immagina siano accadute durante la notte... Svegliandosi, guarda alla finestra il sole che brilla sempre in un cielo senza nubi, e si mette a piangere dicendo che non vedrà mai più il sole fuori. 'Andrò sottoterra' mi dice, 'e tu camminerai nel sole.' Ed è così tutto il giorno, una disperazione senza nome, un lamento ininterrotto".

Il 28 ottobre, anche Isabelle scrive alla puttana: "Quando è sveglio finisce la propria vita in una sorta di sogno perpetuo; dice cose bizzarre molto dolcemente, con una voce che m'incanterebbe, se non trafiggesse il cuore. Quel che dice sono fantasticherie, e tuttavia non è assolutamente come quando aveva la febbre. A volte chiede ai medici se vedono anche loro le cose straordinarie che appaiono a lui, e racconta con dolcezza, in termini che non saprei rendere, le sue impressioni; i medici lo guardano negli occhi, e fra loro dicono: 'È singolare'. Riconosce tutti. A volte mi chiama Djami, siamo nell'Harar, partiamo sempre per Aden, e bisogna cercare cammelli, organizzare la carovana... Presto, presto, ci aspettano, chiudiamo le valige e partiamo. Perché l'hanno lasciato dormire? Perché non lo aiutano a vestirsi? Che diranno se non arriveremo il giorno convenuto? Nessuno lo crederà, nessuno avrà più fiducia in lui!". Infatti nessuno ha fiducia in lui! La puttana non si muove, e qualcuno la maledirà in eterno, per questo! Ma tu, Isabelle, tu non lo sapevi che tuo fratello è uno dei grandi visionari dell'umanità? Dunque l'amore serve solo come alibi, e non aiuta a capire neanche un po'? Sì, è così: vale come alibi, e non aiuta a capire; bisogna rassegnarsi.

Il 9 novembre, Arthur Rimbaud scrive l'ultima sublime lettera al direttore delle Messaggerie Marittime, che l'hanno tante volte scorrazzato fra la Francia e l'Africa. Come sia riuscito a imbucarla, non si sa.

Un lotto: un dente solo.
Un lotto: due denti.
Un lotto: tre denti.
Un lotto: quattro denti.
Un lotto: due denti.

Signor direttore,
sono a chiederle se non ho lasciato nulla a suo conto. Desidero cambiar oggi di questo servizio, di cui non conosco neppur il nome, ma in ogni caso che sia il servizio da Aphinar. Tutti questi servizi son là dappertutto, e io, impotente, infelice, non posso trovare nulla, il primo cane per strada glielo dirà.

Mi mandi dunque il prezzo dei servizi da Aphinar a Suez. Sono completamente paralizzato: dunque desidero trovarmi a bordo di buon'ora. Mi dica a che ora devo essere trasportato a bordo...

Sto piangendo, bambino mio, non vedo più il foglio. Vuoi cambiare servizio, cucciolo mio, perché dipendi da tutti, e a bordo, comunque, ti ci devono trasportare. Vengo io, piccolo, ti porto a bordo, o dove vorrai! Quanta grandezza! Quanto strazio! Quanta grandezza!

Quel direttore, che ha conservato la lettera, è l'unica persona nobile in una montagna di merda. E la puttana? Nove anni dopo la morte di Arthur, il 1° giugno 1900, indirizza a Isabelle queste parole: "Figlia mia, provo una soddisfazione interiore impossibile a dirsi: sento di aver eseguito la volontà di Dio. La tomba di famiglia è fatta, e fatta bene; eppure non ancora del tutto come piace a me. Il mio posto è pronto, in mezzo ai miei cari scomparsi; la mia bara sarà deposta fra il mio buon padre e la cara Vitalie alla mia destra, e il povero Arthur alla mia sinistra... Prima di sigillare la pietra d'ingresso, ho voluto visitare la tomba ancora una volta, per vedere se non rimanesse qualcos'altro da fare. Gli operai mi hanno fatto scivolare pian piano fino in fondo alla fossa; gli uni mi tenevano per le spalle, gli altri per i piedi. Va tutto bene: è stato allora che ho fatto appendere la croce e il bosso... Ho fatto il mio dovere. Il mio povero Arthur, che non mi ha mai chiesto nulla, e che con il suo lavoro, con la sua intelligenza, la sua buona condotta, aveva radunato una fortuna, e l'aveva radunata onestamente, non ha mai ingannato nessuno; al contrario, gli hanno fatto perdere molto denaro, che gli devono ancora adesso...".

Lei ti ha ucciso, bambino mio! Lei era madre di Arthur Rimbaud, e non lo sapeva! Peggio, molto peggio. Lei era madre di Rimbaud, e lo sapeva, tant'è vero che ha fatto di tutto per ucciderlo prima possibile! Lei ha fiutato l'energia, da animale perfido e spietato, e ha cominciato a pomparla, finché non ne è rimasta più. Cosa potevi fare, tu, puledrino purosangue? I demoni ti avevano assegnato chi doveva accudirti, e un puledrino non può stare senza chi lo governi. Non c'era scampo, piccolo mio. Chi ti governava, ti uccideva. Era tutto scritto. Tu potevi solo essere ingenuo.

Il secondo poeta è Byron. Quando compie trentasei anni, scrive una poesia dal titolo *Oggi compio trentasei anni*. Ma è così, lui: ipertrofia dell'ego, volontà di potenza, culto dell'immagine. Lo dimostra anche quella poesia. Si lamenta che la vita è finita (e sta per finire veramente, prima del compleanno successivo), anche a lui qualcuno ha detto – come a me – che ha già i capelli grigi, ma lui volge tutto in politica, e pensa alla libertà della Grecia, per la quale andrà scioccamente a morire.

George Gordon Byron

Buffone! Adorabile buffone, in verità... Anche per lui è solo una questione di gambe, e chissà che cosa c'entrano le gambe con il destino dei grandi. Lo dice lui, quasi *in extremis*, al dottor James Alexander, che il piede equino, con cui è nato, è stata la "disgrazia della sua vita". La gloria per rivalsa. Succede spesso, in questo mondo. Ne so qualcosa anch'io.

E allora eccolo lì, Byron, scopatore-atleta, che per tutta la vita entra nelle donne più diverse (anche in uomini, per la verità), è un *quantitativo*, per dimostrarsi di esistere, e soprattutto per non lasciare niente agli altri esponenti del suo sesso. Aveva ragione anche lui. Era meglio degli altri. Ma sembrava peggio, sempre per via del piede equino. E allora doveva pur dimostrarlo, di essere meglio. Le donne, per capire chi è meglio, hanno un fiuto infallibile. Alla fine, loro vogliono solo i cromosomi più scelti per i figli che faranno; è la volontà della specie a consigliarle così. Byron aveva capito che le femmine sono l'unica bilancia dei valori su questo pianeta.

Eccolo, Byron, atleta-scopatore, che gioca benissimo a cricket, che tira di boxe, e soprattutto che attraversa l'Ellesponto a nuoto, e quando un pagliaccio lo sfida, lo distrugge, e il percorso va soltanto dal Lido di Venezia alla fine del Canal Grande, verso la terraferma.

Rivalse. Come io ben so, la più illusoria e appagante è la politica. Infatti, mi rendo conto in questo istante di essere ingiusto e un po' meschino. Byron mi è antipatico perché mi assomiglia troppo. Il modo corretto di ragionare è, deve essere, questo: Byron ha un talento letterario supremo, folgorante, certamente il più "puro" di tutto il suo tempo. Poi deve fare i conti con le miserie della carne. E a questo punto, per superare la fregatura originaria, volge tutto, la sua vita e il suo talento, in vitalismo.

Il vitalismo lo induce a scegliere il campo in cui –

apparentemente – questo si esplica meglio, perché si attrae l'attenzione del maggior numero di persone, e tale campo è appunto la politica. Ma la politica è il terreno in cui i furbi e i tanti (cioè i mediocri, perché solo i mediocri sono tanti) sfruttano gli intelligenti e i seduttori. È ovvio: i furbi, che non "conducono a sé" nessuno, devono usare i seduttori, che conducono a sé tanta gente. È la legge diabolica; la legge di questo mondo, perché questo mondo (non tutti i mondi: *questo* particolarissimo mondo) è stato in quasi totale misura appaltato al diavolo. La legge di cui sopra ha un'appendice: gli intelligenti non possono essere furbi, quindi l'intelligenza verrà sempre usata, e usata per fini diabolici. Come volevasi dimostrare. Il cerchio si chiude in modo perfetto.

Io lo vedo, Byron, sugli spalti di Missolungi, che vorrebbe guardare l'infinitezza del mare e della classicità, ma può farlo solo per un istante, perché intanto qualcuno lo tira per la giacca, e gli chiede soldi: l'ha finanziata quasi tutta lui, la spedizione in Grecia, lui, anima dell'indipendentismo ellenico! Soldi, volevano, soldi! Soldi, seduzione, e un coglione come Byron che ci lasciasse le penne!

Byron guarda il mare, intanto lo tirano per la giacca, e lui capisce di essersi infilato definitivamente nella trappola del suo *ego*. Non sono gli altri a fregarci, siamo sempre e soltanto noi, i nostri buchi, e l'illusione che una vanità o l'altra (la politica prima di tutte le altre) possa turarli. Le so bene, io, queste cose! Ah, se le conosco bene!

Allora Byron si ammala. Il vitalismo, quando non può andare avanti, va indietro, cioè si rivolge contro se stesso. Poteva fare altro che ammalarsi, l'atleta-scopatore, lo scopatore-atleta? Si era ficcato nella rete del suo stesso vitalismo; sapeva di non poterne uscire; allora ci voleva l'evento esterno, il fatto imprevedibile che lo tirasse fuori dal guano in cui era finito: la morte, che risolve tutto, e assolve tutti. La Signora, in più, aveva il pregio di essere attraente, Byron l'aveva sognata per tutta la vita (soprattutto se eroica, cioè vitalistica), non c'è nulla che risulti attraente per il vitalismo come il suo contrario, il *mortalismo*.

Per la prima volta, Byron è veramente ipocrita con se stesso. Non vuole ammetterlo. Lo spiritaccio si ribella. Negli ultimi, penosi giorni di malattia, si riscuote due volte. La prima è quando gli dicono che a Missolungi sarà forse nella merda, ma a Londra la sua spedizione è già un mito: vanità, echi di successi sognati nell'infanzia scozzese, ultimi sussulti del vitalismo. La seconda è quando richiede una fattucchiera per liberarlo dal malocchio che l'ha colpito: ribellione, tentativo di incolpare altri, estrema speranza di salvare il vitalismo.

Ma di vitalismo non si vive; non più di tanto. Non si può, se non si è in accordo con le potenze diaboliche. Però il vitalismo intelligente (ancorché usato dai furbi) non può essere in accordo con le potenze diaboliche, perché, teoricamente, è volto al Bene: ciò che, per le potenze diaboliche, è il massimo insulto. E allora non c'è strada. Per Lord Byron, non ci fu strada. Non c'è mai strada.

Lo capisce, il seducente coglione, perché è anche spiritoso e dotato di *humour*. L'ultimo giorno chiede di essere sepolto in Grecia "senza pompa". Incredibile! Lui senza pompa! Tenta, disperatamente, di mettersi in sintonia con le cose, forse con le potenze diaboliche, offrendosi come semplice strumento della loro volontà. Poi, mentre gli amici gli stanno intorno piangendo, la frase memorabile, in italiano: «Oh, questa è una bella scena!»; dove, a parlare in italiano, è l'inglese, che si diverte alle sceneggiate, ma in sostanza le spregia. Quella frase Byron non potrebbe mai dirla nella lingua di Shakespeare; deve pronunciarla in quella di Da Ponte.

Infine, le ultime parole: «Ora voglio dormire». Il vitalismo, infatti, è faticoso. Vivere è un lavoro. E lavorare stanca.

Il caso più clamoroso di puro e semplice esaurimento delle energie infantili è quello di Mozart. Io credo anzi che se il divino fanciullo mancò, per soli due mesi, il traguardo del trentasettesimo anno di vita, è solo perché non si riguardò, come i bambini, che la torta la mangiano con ingordigia crescente, e la finiscono troppo presto.

Troppa roba in quegli ultimi mesi del 1791! Il successo del *Flauto magico*, e soprattutto l'ansia di non finire il *Requiem*, che, come Mozart sapeva e ripeteva, era scritto per lui stesso. L'*ansia*: sorella gemella dell'adolescenza. Ci sono due modi di porsi di fronte al tempo. Quello maturo, orientale, è di trovare armonia fra l'evoluzione delle cellule, quella del mondo e quella dell'opera. La massima vita delle cellule produrrà la massima espansione dell'opera. Il secondo modo è quello infantile, ansioso, quello che impone di srotolare il filo, per vedere subito che cosa c'è dopo. Follemente, infantilmente, Mozart scelse la disarmonia: proprio lui! Srotolò pazzamente il filo per sapere se, alla sua morte, il *Requiem* sarebbe stato finito. La disarmonia fra le cellule, il mondo e l'opera accelerò la malattia, cioè l'estinzione delle cellule. Talché, quando Mozart morì, il *Requiem* non era finito. E Mozart non lo seppe mai.

L'adolescenza ha questo di bello: è energia pura. Ma ha questo di brutto: è energia che evapora.

Prima di passare alle conclusioni, io devo però essere paziente, e parlare di politica, che per me (forse

Wolfgang Amadeus Mozart

lo si è già capito) è la cosa più stupida e noiosa del mondo. Fortunatamente, la politica c'entra solo in apparenza, perché io voglio lasciare scritte le mie idee riguardo a un angelo e un eroe, Maximilien Robespierre, e sul modo con cui le potenze celesti, dopo averlo guidato nel suo eccellente lavoro di guastatore (un lavoro per il quale ha spremuto ogni stilla del suo essere, con infinita generosità), per premiarlo, lo richiamano a loro nel volgere di trentasei ore; con un'ultima, moderata pena per la sua debolezza, cioè per l'estremo cedimento alle illusioni di questo mondo ipocrita e crudele.

In sostanza, io penso infatti che le cose siano andate così. Entrato nel trentasettesimo anno di vita, Maximilien ha assolto il suo compito. Va prelevato al più presto, e due angeli-diavoli sono già pronti per il decollo. Bisogna però dar modo agli eventi di evolvere, in guisa tale che, a futura memoria, sia chiaro a tutti che Robespierre è stato abbattuto dal caso e dalla brutalità; in modo tale, cioè, che appaia evidente chi comanda su questo mondo. Bisogna fare prestissimo e benissimo. Il tempo dovuto viene così ristretto al minimo indispensabile, appunto trentasei ore.

Nella notte che precede il 9 termidoro, cioè il 27 luglio 1794, la pressione della macchina-Robespierre, senza alcun preavviso, viene scaricata repentinamente. Il deflusso di energia è totale. Non è Robespierre quello che va alla seduta della Convenzione, alle 11 del giorno dopo, ma la sua anima, che vede già le cose dall'eternità. Gli storici, i soliti imbecilli, si chiedono come mai l'uomo che ha ancora interamente nelle mani il potere a Parigi, non muova un pelo mentre alcuni ometti starnazzano e lo distruggono. È facile. Perché le anime guardano, non agiscono! Perché è tutto deciso, e non c'è proprio nulla che vada fatto.

Parla Fouché. Decidono l'arresto dell'Incorruttibile.

Maximilien Robespierre

Robespierre è placidamente seduto sul suo scranno, con l'occhio molto concentrato. Pensa alle contromosse? Alle parole? Al consenso (il consenso!)? No: pensa alla sua ragazza, poi agli occhi di Fragonard, che ha visitato nel suo studio prima dell'Ottantanove, infine agli occhi dei collezionisti che curiosavano intorno, occhi che emanavano piccole scintille di desiderio. Conoscevano l'alcova. La pittura li riportava lì. Alla chiave della vita che, *in exitu*, si sa essere il piacere. Il piacere di oggi, 1794, per colpa sua, proprio per colpa di lui, Robespierre, è dogma, e costrizione. Si può godere se si è costretti? Gli occhi dei clienti di Fragonard erano avvolti da una lampeggiante rugiada, ricordavano qualcosa (una *guêpière*, un'ombra di pube?), immaginavano qualcosa; penetravano, ecco, cominciavano a penetrare. C'era come un profumo estenuante, in quello studio, il profumo delle essenze, miscelate al profumo degli umori sessuali.

Combinazioni infinite. Ogni uomo, e ogni donna, ha il suo profumo. Le essenze sono più di mille. Che varietà! Nessuno ha supposto che, mentre faceva il politico, Robespierre annusasse. In questo istante, sul suo banco alla Convenzione, potrebbe descrivere, a memoria, centinaia di possibilità diverse.

Altri tempi. Altri tempi e altri colori. In pochi istanti, Maximilien rivede tutto: il muro di venti, di cieli e di anni che lo dividono da quel lontanissimo, vicinissimo Ottantanove. Le parole, dapprima. Le parole che crescono e uccideranno. Per qualche tempo, prima di diventare il loro signore e trascinatore, non le ha capite. Ne avvertiva l'insidia. Era nel giusto. Poi sono seguiti i fatti. E i fatti – dicono – hanno sempre ragione. Poi i corpi. I corpi hanno cominciato a muoversi in maniera diversa. Non perché si radunavano o si sterminavano l'un l'altro (cose simili sono sempre accadute), ma perché obbedivano a nuove composizioni. Fragonard non avrebbe mai dipinto composizioni simili. Gesti liberi, arroganti, ma anche retorici. Da sei anni, sono tutti in posa. Anche se ruttano o danno di stomaco, si atteggiano come statue dell'antichità.

Già, si rutta molto da qualche anno a questa parte. È un segno di trasgressività e novità. Non che Robespierre biasimi gli onorevoli componenti della Convenzione che osserva in questo 9 termidoro 1794. Non sono superficiali. È proprio che non credono più nella Bellezza, e la cosa più straziante è che di tale decisione danno il merito (il merito!) a lui, Robespierre. Pensano che la Bellezza debba servire la giustizia, e i rapporti sociali, e baggianate simili. La Bellezza se ne infischia. Usa gli altri, lei. Non si fa certo usare dai liberi ruttatori.

E gli occhi... Li vede, Maximilien. Dopo l'Ottantanove, gli occhi sono diventati duri, sospettosi, bovini. Per questo stanno per decollare i due angeli-diavoli. Perché lui, Maximilien Robespierre, non veda più quegli occhi che dardeggiano sospetti e astuzie di fianco al banco della Presidenza, gli occhi del deputato che sta parlando in questo momento, puntati in alto, a suggere verità da un Dio in cui l'onorevole dichiara di non credere, gli occhi ciechi che asseriscono di vedere la Storia, la quale, notoriamente, non è visibile. Questi occhi non guardano più il mondo. Guardano solo dentro; dentro cervelli annodati di parole come un cestello colmo di serpenti.

Maximilien Robespierre ricorda una frase del grande Talleyrand: "Chi non ha vissuto sotto l'Ancien Régime, non sa che cos'è la dolcezza della vita". Forse non condivide neanche la nostalgia, Maximilien. Tutto ciò che pensa è: "La gazzarra deve finire". È tempo di tornare a guardare e a godere.

Poi, il cedimento. Resiste per ore, nel distacco dalle

cose terrene. Lo arrestano, lo liberano, lo chiamano al Palazzo Reale. Rifiuta di andare. Fanno appello ai sentimenti. E cede.

Nel cuore della notte, si rimette a lavorare per la Rivoluzione, cioè per la gazzarra. Talché, affettuosamente, e a titolo dimostrativo, le potenze celesti decidono di fargliela pagare. Quando arrivano i nemici, e Maximilien vuole farla finita, perché è ora, deviano la pistola con cui si sta sparando, in modo tale che la pallottola, invece di ucciderlo, lo colpisca alla mascella, fracassandogliela. Deve saperlo ancora un po', che cosa sono il dolore e la miseria della carne!

Da quando cade riverso con la faccia e il petto inondati di sangue, Robespierre infatti torna in sé. Non parla più. Guarda serenamente occhi e ghigne belluine mentre il popolo (il suo popolo) lo insulta sulla carretta che lo porta al patibolo. Guarda le nuvole negli istanti in cui vengono decapitati i venti prigionieri che lo precedono. Sa di doversi preparare all'ultimo strazio del corpo. Intanto gli angeli decollano. *In extremis*, il boia strappa la benda che gli tiene attaccata la mascella alla faccia. La mascella sta per cadere, spiccandosi dalla guancia. Un urlo lancinante. Ma è un attimo. Perché gli angeli-diavoli sono già lì, e ricompongono la fisionomia di un giovane solitario che non si è amato abbastanza, e che ha fatto il suo dovere, obbedendo coscienziosamente a un infame destino di morte e di orrore.

Il senso definitivo della morte a trentasette anni, io lo trovo però nella vicenda di un genio che se n'è andato vecchissimo, Gioacchino Rossini. Accade questo. A trentasette anni, nel 1829, Rossini mette in scena il *Guglielmo Tell*, poi, di punto in bianco, smette di comporre per il melodramma, al quale ha dedicato un'attività anche quantitativamente prodigiosa negli

Gioacchino Rossini

anni precedenti. Le motivazioni, secondo i critici, sono le più diverse: crisi personale a seguito della morte della madre; diciamo depressione. Il che, naturalmente, è molto importante, ma normalmente, nella vita di uomini anche sensibili, viene superato dopo un avvallamento di energia più o meno lungo. Oppure: rifiuto, polemica e rifiuto verso l'opera contemporanea, che sta marciando drammaticamente verso il Romanticismo; io direi verso il Romanticismo recitante, perché il vero Romanticismo è un'altra cosa. La spiegazione non basta: un pittore come Ingres, investito da un turbine analogo, è rimasto se stesso fino a vecchiaia inoltrata.

No. Rossini ha in tasca il contratto per un *Faust* che non vedrà mai la luce. Ma continua a comporre. Sostanzialmente pensa che la vera musica sia quella religiosa, e a quella dedicherà il meglio delle sue energie, evolvendo la chiave sottile che ne fa addirittura un anticipatore della musica contemporanea. No. In realtà, *Rossini dà un addio al teatro*. All'inautenticità. Al *vitalismo*.

Eccola lì la chiave di tutto! La soluzione al mistero dei divini adolescenti. Rossini è un vitalista di sangue romagnolo, un vitalista puro. Ma, a modo suo, è anche l'unico caso di *vitalista furbo*. Contraddizione in termini (se è vero quanto ho detto prima), che conosce, con lui, la sola, prodigiosa eccezione alla regola, e non appare – neanche a me – disdicevole, perché comporta un fortissimo apporto dell'elaborazione speculativa, cioè dell'*intelligenza*. E comporta una rinuncia: la rinuncia alla creazione.

Da diavolo animalesco, evidentemente ispirato da diavoli, Rossini capisce che bisogna scegliere, e bisogna farlo sulla soglia dei trentasette anni: o il vitalismo, cioè la creazione, cioè il deflusso ultimativo delle energie; o la vita senza vitalismo, cioè la vita profonda, la profonda armonia fra l'io, il mondo e l'opera.

Qui ha il colpo di genio: intuisce che si può distinguere. Un conto è il melodramma, la musica per il teatro, che è puro frutto di vitalismo. Un conto è la musica sacra, che lega in profondo al ritmo del mondo, che rispetta la placida sinfonia dell'universo, e proprio per questo è accettata dalle potenze diaboliche, che custodiscono l'ordine delle cose. *Il punto non è se le cose siano governate dall'ordine del bene o del male. Il punto è che l'ordine sia rispettato.*

Rossini sceglie. Sceglie l'ordine delle cose. Rinuncia al teatro e al vitalismo. Si salva la vita. Vale per lui ciò che si dice di Talleyrand morente e convertito: dopo aver ingannato Dio per una vita, sull'ultimo giaciglio trova il modo di ingannare anche il diavolo, protettore esigente ma non invincibile.

Ecco, io non sono Rossini. E poiché si parla di me, devo precisare che ho cominciato a scrivere queste righe nella luce già splendida mezz'ora circa dopo l'alba, e adesso sono le nove del mattino, un mattino di metà aprile 1930. Lei, Veronika Polonskaja, sta dormendo nell'altra stanza.

Non voglio parlare di politica, perché vale quanto ho detto a proposito di Byron. Mi hanno usato, perché so sedurre, e loro sono furbi. Sono vitalista, forse un po' sono intelligente, ma, a differenza di Rossini, non potrò mai essere vitalista-furbo. Grave colpa. Mi hanno sperperato. Mi sono sperperato.

Voglio parlare di lei, unica donna che adesso mi interessa. Altro che Rivoluzione. La vita dispone dell'arma terribile del concreto contro l'astratto. Se io fossi un commentatore della mia morte, domani, supporrei che la vita mi abbia parlato così: «Lei faccia

Vladimir Majakovskij

pure il rivoluzionario, se vuole. Può darsi che con le sue deboli forze aiuti a trasformare il mondo. Per quel che ne sa! Ma questa donna è così bella, attenzione! Forse è la sola che potrà amare, la sola che l'amerà. Comunque vada – tenga presente, signore, che in ogni caso presto dovrà morire – basta che l'abbia scorta, e non potrà più fare a meno di trovare questa donna preferibile a *tutto il resto*. Non c'è nulla che non si risolva, almeno momentaneamente, nella follia d'un bacio, del bacio che un uomo può scambiare con la donna che ama e con questa sola. Lei, Majakovskij, nella sua vita, non ha potuto farci niente, e niente potrà farci nessuno: ci sono seni troppo graziosi...». Così dovrebbe scrivere il mio recensore *in mortem*.

Ieri sera, a casa di Valentin Kataev, con Veronika ho fatto un duello. Silenzioso. Mortale. Ci passavamo messaggi scritti su pezzi di carta. Lei chiedeva. Io rifiutavo. Io chiedevo. Lei rifiutava. Siamo andati a letto alle tre del mattino.

Non ho dormito. Adesso andrò di là. La sveglierò. Le chiederò di restare con me tutto il giorno. Lei dirà di no. Io dirò che nessuno mi vuole più perché ho sprecato energia con la politica e con lei; le preciserò che il punto non è che lo abbia fatto con la politica o con lei, il punto è che ho sprecato energia, e non ne rimane più.

Opporrà le armi del buon senso. Dirà che deve correre a una prova al Teatro d'Arte, dove ha ottenuto il primo ruolo importante. Obietterò che, un giorno, apparirà chiaro a tutti che il suo ruolo importante sono stato io. Fingerà di non capire. Uscirà. Ho già accanto a me la pistola usata dodici anni fa, come materiale scenico nel film *Non nato per il denaro*. Mi sparerò al cuore. Un mio amico diceva che, dovendo decidere se uccidersi o meno, bisogna entrare in un ristorante, e spararsi se la bistecca è tenera, non se è dura.

Lascerò la lettera che ho scritto l'altro giorno. Tengo ai versi centrali, questi:

COME SI DICE,
  L'INCIDENTE È CHIUSO.

Non se ne parli più.

Vladimir Majakovskij

Indice delle illustrazioni

PARMIGIANINO

pag. 23
Parmigianino, *Autoritratto* (particolare), 1540 c. Olio su carta (già incollata su tela), 21x15,5 cm. Parma, Galleria Nazionale.

pag. 26
Parmigianino, *Autoritratto in uno specchio convesso*, 1521-1524 c. Olio su tavola emisferica, d 24,4 cm. Vienna, Kunsthistorisches Museum.

pagg. 30 e 34
Parmigianino, *Diana e Atteone: Atteone dilaniato dai cani* (particolari), 1522-1524 c. Affresco. Fontanellato, Rocca dei Sanvitale.

pagg. 30 e 31
Correggio, *Affreschi nella Camera di San Paolo*, 1519. Parma, Monastero di San Paolo.

pag. 32
Correggio, *Cupola del Duomo di Parma*, 1526-1528. Affresco.

pag. 33
Parmigianino, *Tre Vergini Stolte* (particolare), 1531-1539 c. Tempera su affresco. Parma, Santa Maria della Steccata, arcone del presbiterio.

pag. 35
Parmigianino, *Autoritratto con la cagna*. Disegno, 305x204 mm. Londra, British Museum.

VALENTIN

pag. 37
Valentin de Boulogne, *San Giovanni Evangelista* (particolare), 1622. Olio su tela, 97,5x134,5 cm. Chapel Hill, The Ackland Art Museum. Possibile autoritratto di Valentin.

pag. 40
Valentin de Boulogne, *Cristo e l'adultera* (particolare), 1620-1622. Olio su tela, 168x220 cm. Malibu, J.P. Getty Museum.

pag. 41
Valentin de Boulogne, *Riunione in una bettola*, 1625 c. Olio su tela, 96x133 cm. Parigi, Musée du Louvre.

pag. 43
Valentin de Boulogne, *Incoronazione di spine a sette personaggi* (particolare), 1620 c. Olio su tela, 173x241 cm. Monaco di Baviera, Alte Pinakothek.

pagg. 43 e 45
Valentin de Boulogne, *Concerto a quattro personaggi e un bevitore*, 1626. Olio su tela, 111,7x146,5 cm. New York, collezione privata.

pagg. 44 e 45
Valentin de Boulogne, *Riunione con indovina*, 1631. Olio su tela, 190x265 cm. Toronto, collezione privata, in deposito presso la Art Gallery of Ontario.

pag. 45
Valentin de Boulogne, *Le quattro età dell'uomo*, 1626 c. Olio su tela, 96x134 cm. Londra, National Gallery.

pag. 46
Valentin de Boulogne, *Concerto a otto personaggi* (particolare), 1628 c. Olio su tela, 175x216 cm. Parigi, Musée du Louvre.

CANTARINI

pag. 47
Simone Cantarini, detto il Pesarese, *Autoritratto* (particolare). Olio su tela, 92x79 cm. Roma, Galleria Nazionale di Arte Antica, Palazzo Corsini.

pag. 51
Simone Cantarini, detto il Pesarese, *Ritratto di Guido Reni.* Olio su tela, d 37 cm. Bologna, Pinacoteca Nazionale.

pag. 52
Guido Reni, *Annunciazione*, 1620-1621. Olio su tela, 266,5x168 cm. Fano, Chiesa di San Pietro in Valle, in deposito presso la Pinacoteca Civica.

pag. 55
Simone Cantarini, detto il Pesarese, *Trasfigurazione di Nostro Signore*, 1637. Olio su tela, 310x200 cm. Pinacoteca Vaticana.

WATTEAU

pag. 57
Rosalba Carriera, *Ritratto di Antoine Watteau* (particolare), 1721. Pastello su carta, 55x43 cm. Treviso, Museo Civico.

pag. 62
Jean-Antoine Watteau, *Divertimenti campestri*, 1718 c. Olio su tela, 88x125 cm. Londra, Wallace Collection.

pag. 64
Jean-Antoine Watteau, *Antiope spiata da Giove*, 1715 c. Olio su tela, 72x110 cm. Parigi, Musée du Louvre.

pag. 66
Jean-Antoine Watteau, *Festa d'amore*, 1717 c. Olio su tela, 61x75 cm. Dresda, Gemäldegalerie.

pag. 68
Jean-Antoine Watteau, *Gli Champs-Elysées*, 1717 c. Olio su tavola, 33x43 cm. Londra, Wallace Collection.

pag. 69
Jean-Antoine Watteau, *La toilette*, 1717 c. Olio su tela, 46x39 cm. Londra, Wallace Collection.

pag. 70
Jean-Antoine Watteau, *Il giudizio di Paride*, 1720 c. Olio su tavola, 47x31 cm. Parigi, Musée du Louvre.

VAN GOGH

pag. 73
Vincent van Gogh, *Autoritratto con tavolozza* (particolare), agosto-settembre 1889. Olio su tela, 57x43,5 cm. New York, Collection of Mrs. John Hay Whitney.

pag. 76
Vincent van Gogh, *Campo di grano con corvi*, luglio 1890. Olio su tela, 50,5x103 cm. Amsterdam, Rijksmuseum Vincent van Gogh.

pag. 77
Vincent van Gogh, *Notte stellata*, giugno 1889. Olio su tela, 73,7x92,1 cm. New York, The Museum of Modern Art.

pag. 78
Vincent van Gogh, *Cipresso in un cielo stellato*, maggio 1890. Olio su tela, 92x73 cm. Otterlo, Rijksmuseum Kröller-Müller.

pag. 81
Vincent van Gogh, *Ritratto del dottor Gachet*, maggio-giugno 1890. Olio su tela, 67x56 cm. Collezione privata.

TOULOUSE-LAUTREC

pag. 83
Henri de Toulouse-Lautrec a 30 anni (1894).

pagg. 84 e 91
Henri de Toulouse-Lautrec, *Addestramento delle nuove arrivate da parte di Valentin le Désossé*, 1889-1890. Olio su tela, 115x150 cm. Philadelphia Museum of Art (The Henry P. McIlhenny Collection).

pag. 86
Henri de Toulouse-Lautrec mentre dipinge *Addestramento delle nuove arrivate da parte di Valentin le Désossé* (1889-1890).

pag. 87
Henri de Toulouse-Lautrec in barca con Viaud (1899 c.). Albi, Musée Toulouse-Lautrec.

pag. 88
Henri de Toulouse-Lautrec (1892).

pag. 91
Henri de Toulouse-Lautrec, *Ballo al Moulin Rouge: La Goulue e Valentin le Désossé*, 1895. Olio su tela, 298x316 cm. Parigi, Musée d'Orsay.

pag. 93
Henri de Toulouse-Lautrec, *Studio per "Elles": Donna sulla schiena - Stanchezza*, 1896. Olio alla trementina su cartone, 31x40 cm. Parigi, Musée d'Orsay.

pag. 94
Henri de Toulouse-Lautrec, *Studio di nudo*, 1883. Olio su tela, 55x46 cm. Albi, Musée Toulouse-Lautrec.

pag. 96
Henri de Toulouse-Lautrec, *Studio per "Donna che si infila una calza"*, 1894 c. Olio alla trementina su tavola, 61,5x44,5 cm. Albi, Musée Toulouse-Lautrec.

pag. 97
Henri de Toulouse-Lautrec, *Donna che si infila una calza*, 1894. Olio alla trementina su tavola, 58x48 cm. Parigi, Musée d'Orsay.

TANCREDI

pag. 99
Tancredi, *Autoritratto* (dalle ultime pagine di album), 1964. Grafite su carta, 67,5x49 mm. Venezia, Collezione L. Scatturin.
pag. 104
Tancredi, *Composizione*, 1954. Tempera, 75x105 cm. Venezia, Collezione Guggenheim.

pag. 105
Tancredi, *Barattolo con matite* (dalle ultime pagine di album), 1964. Grafite su carta, 67,5x49 mm. Venezia, Collezione L. Scatturin.

pagg. 107 e 108
Tancredi, *Autoritratti* (dalle ultime pagine di album), 1964. Grafite su carta, 67,5x49 mm (ciascuno). Venezia, Collezione L. Scatturin.

pag. 109
Tancredi, *Grazie*, 1964. Disegno a matita, 48x34 mm. Venezia, Collezione L. Scatturin.

GNOLI

pag. 115
Domenico Gnoli alla mostra della Janis Gallery di New York (novembre 1969). Foto Robinson.

pag. 116
Domenico Gnoli, *Autoritratto*, gennaio 1964. Penna. Collezione Y.V.J.

pag. 117
Domenico Gnoli a New York (1960 c.).

pag. 121
Gnoli davanti a un bozzetto di una scena per *As you like it*. Foto di Susan Wood. Archivio Y.V.J.

pag. 125
Domenico Gnoli, *Collo di camicia*, 1966. Acrilico su tela, 120x160 cm. Ginevra, Galerie Jan Krugier.

pag. 126
Domenico Gnoli, *Capigliatura femminile*, 1966. Acrilico su tela, 90x110 cm. Ginevra, Galerie Jan Krugier.

pag. 127
Domenico Gnoli, *Letto*, 1965. Acrilico su tela, 146,5x97 cm. Torino, collezione privata.

MANAI

pagg. 129 e 135
Piero Manai nel suo studio. Foto di Antonio Masotti.

pag. 133
Piero Manai, *Frigorifero*, 1970.

pag. 134
Piero Manai, *Carboncino rotto*, 1978. Carboncino su carta, 70x240 cm. Milano, collezione privata.

pag. 137
Piero Manai, *Testa*, 1983. Olio su tela, 140x220 cm.

CONCLUSIONE

pag. 139
Vladimir Majakovskij, *Autoritratto.*

pag. 142
Arthur Rimbaud in una foto di Carjat (1871).

pag. 145
Arthur Rimbaud pochi giorni prima della sua morte in un disegno della sorella Isabelle (1891).

pag. 149
Thomas Phillips, *Ritratto di George Gordon Byron*, 1835 c. Olio su tela, 76,5x63,9 cm. Londra, National Portrait Gallery.

pag. 154
Joseph Lange, *Ritratto di Wolfgang Amadeus Mozart*, 1783 c. Olio. Salisburgo, Museo Mozart.

pag. 156
Ritratto di Maximilien Robespierre. Parigi, Musée Carnavalet.

pag. 160
Vincenzo Camuccini, *Ritratto di Gioacchino Rossini*, 1822 c. Olio su tela, 46,5x37 cm. Milano, Museo Teatrale alla Scala.

pag. 163
Vladimir Majakovskij (1924).

Indice

? ~~Rosso Fiorentino~~ (1494-1540)

«Trentasette»
di Flavio Caroli
Oscar varia
Arnoldo Mondadori Editore

Questo volume è stato stampato
per conto della Arnoldo Mondadori Editore S.p.A.
presso la Milanostampa S.p.A.
Stabilimento di Rocca San Casciano (FO)
Stampato in Italia - Printed in Italy

45656
1999